賢く住宅購入できる本

注文住宅の全国平均

2807万円

家づくりの知識がなくて本当に大丈夫ですか？

佐俣 圭介

職人 からスタート

親方 の視点

営業 の立場

建築士 として設計

工務店の 社長

会社の 経営者

全国で活躍する 講師

7つのステップで
22年間
培ってきた
著者のノウハウが
約120分で
取得できる本

家づくりの
プロフェッショナルが
余すことなく
知識と経験を
あなたに伝授します

モノサシ35

幸せな家づくりの「モノサシ」を持っていますか?

家づくりの依頼先を見極める「モノサシ」

土地選びの「モノサシ」

して暮らせます!

理想の暮らしをするための

家づくりの

家づくりの「モノサシ」

マジックを見破る「モノサシ」

住宅ローンの「モノサシ」

これであなたも将来安心

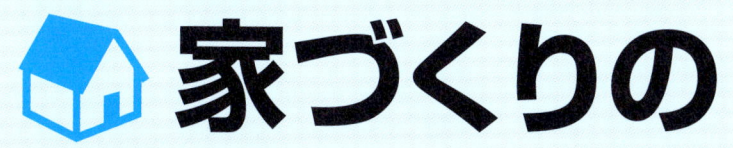

まえがき

東京商工リサーチの調べによると、「2007年から2015年までの期間で、最も休廃業・解散件数が多かった業種は建設業」（中小企業庁「2017年版中小企業白書」）となっています。ただし、建設業だけを見てみると、2013年をピークに倒産件数は右肩下がりで減少傾向にあります。2020年の東京オリンピック・パラリンピックの影響から、建設業は堅調と言われています。

ところが、ハウスメーカーや工務店などの建設業はその限りではないと言えるでしょう。少子高齢化などの社会的な背景から、家を建てることが少なくなるのは容易に想像できます。個人的にウオッチしている感覚としては、過去

10年間で3分の1の工務店が姿を消していると見ています。この厳しい時期では、お客様のためを思っていない利益追及型の経営を行っている工務店は淘汰《とうた》されていくだろうと見ています。２０２０年になるころには、本当に良い工務店だけが残っているでしょう。

お客様の視点から見ると、この先も倒産せず残る工務店に依頼したいですよね。そのためには、家づくりについての知識、良い悪いを判断するための基準となる「モノサシ」が必要になります。本書では、全部で35のモノサシを掲載しています。そのなかには、「良い工務店を見極めるモノサシ」も入っています。

そのモノサシを伝授する私ですが、高校卒業後に大工になり、これまでの22年間で職人、親方、営業、建築士、社長、経営者、講師と7つの視点で建設業に携わってきました。最近では、２０１３年から講師をはじめ、これまでの6年間で安定経営のロジックを教えるセミナーを、47都道府県に行って５７３回も話してきました。

そんな22年間で培ってきたノウハウを、本書で余すことなく伝授していきます。それが、35のモノサシです。本書を読むのにかかる時間は、おそらく2時間ほどでしょう。１２０分です。この1冊の本を読むだけで、私が22年間かけて蓄積してきたノウハウを、１２０分後には取得できてしまうのです。「賢い家づくり」をしたい、「知らなきゃ損」という情報は必ず知りたい、と考えている方は、是非とも読んでいただければと思います。

佐俣　圭介

表紙の帯に書いていた7つの設問はいかがでしたでしょうか？　この文章を読んでいるということは、5つ以上答えられなかったのかもしれませんね。その答えをここに記載したいと思います。

Q. 注文住宅の全国平均2807万円に土地代が入っていると思いますか？

A. 答えは「NO」です。株式会社リクルート住まいカンパニーの「2018年注文住宅動向・トレンド調査」によると、建築者（全国）の建築費用は平均2807万円と記載されていました。

Q. ハウスメーカーと工務店の違いは何ですか？

A. 詳しい答えは、2章を読んでいただければ分かります。ハウスメーカーと工務店、それぞれに強みがあります。どういった家を建てたいかで依頼先が変わってくることになります。

Q. ZEH《ゼッチ》住宅とはどんな住宅ですか？

A. 詳しい答えは、4章を読んでいただければ分かります。住まいの断熱性・省エネ機能を上げ、太陽光発電などでエネルギーを創ることにより、使うエネルギーと創るエネルギーの収支をプラスマイナス「ゼロ」にすることを目指した住宅のことです。

Q. UA値・C値とは何を表す言葉ですか？

A. 詳しい答えは、4章を読んでいただければ分かります。UA値は断熱性能を図る数値、C値は気密性能を図る数値です。

Q. 60歳になったときの預金額が予測できますか？

A. 詳しい答えは、6章を読んでいただければ分かります。そこまで将来を見据えている人は多くないと思います。厚生労働白書によると、60代の平均貯蓄額は2200万円。ライフプランシミュレーションを行ってみましょう。

Q. 金利が1％違うと総支払額がいくら変わるか分かりますか？

A. 詳しい答えは、6章を読んでいただければ分かります。3000万円の借り入れをした場合、驚くことに500万円以上も違ってきます。時代は超低金利です。うまく活用して賢く家づくりをしたいですね。

Q. 容積率が何を表す言葉か分かりますか？

A. 詳しい答えは3章を読んでいただければ分かります。敷地面積に対する延床面積の割合の限度のことです。購入した土地に建てられる家の規模は、「容積率」と「建ぺい率」が関係してきます。建築・不動産は専門用語が多い業界ですが、建物を設計する際の制限や制約に関係することもあります。家づくりをする際には、こうした専門用語にも明るくなっておきましょう。

目次
Contents

第2章 家づくりの依頼先を見極める「モノサシ」

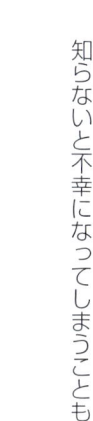

第3章 土地選びの「モノサシ」

第4章 家づくりの「モノサシ」

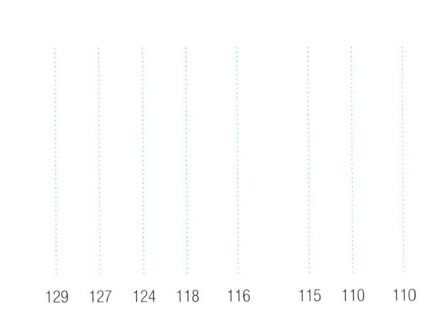

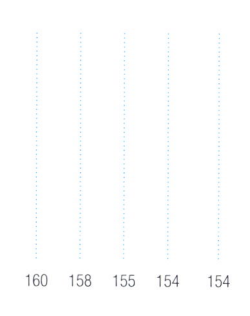

第1章

幸せな家づくりの「モノサシ」を持っていますか？

1 工務店だから安いは違う!

不必要な間接費は削れるはず

1軒の家を造るのに、一体、どれだけの人が関わっているか、ご存知でしょうか? 営業、事務、大工、水道屋、電気屋、ガス屋、左官、クロス業者、板金業者、畳屋……おおよそ30人前後でしょうか。かなりいろいろな業種の方々が集まって、初めてひとつの家が形になります。

そのなかで、私は大工の経験があり、18歳から今までたくさんの現場で家づくりに携わってきました。そのときに感じたことは、お客様があまり知らないようなたくさんの間接費が家づくりにはかかっているということ。ここで誤解していただきたくないのですが、間接費が悪いと言っているわけではありません。本当に必要なものと、そうでないものを見極めて、不必要な間接費は削れるはずなんです。モノづくりは、結局、いろいろな人が間に入ります。仲介している人がたくさんいればいるほど、最終的な値段が高くなってしまうのです。

大工に近いポジションにいるのが工務店

このように、いろいろな間接費があり最終的な販売価格が高くなることに、大工だった私はどうしても納得ができませんでした。こうした間接費があるから、日本の家は高いのだなと感じたのです。そして、もし原価で家が建てられたら、すごい安く仕上がるのではないのか。そう考えたのです。

だから、大工が家を造ると間接費はハウスメーカーさんで建てるよりも少なくて済みます。原価で建てるというのはあくまで理想ですが、その理想に近いのが工務店で建てることです。私はハウスメーカーさんが悪いと言っているわけではありません。ハウスメーカーさんでも私はいいと思いますが、それにはそれに見合っただけの間接費がかかります。当然ですが、たくさんの費用がかかってしまうということは、結果、相対的に販売価格が高くなってしまう、ということなのです。

よく聞かれるのですが、「だから工務店で建てると安く済むんですか?」と。そうではありません。工務店の方が安いというわけではなく、ハウスメーカーさんと比べて、職人さんと近い位置にいるのが工務店で、大工さんにつなげやすいポジションにいるんです。全国の工務店さんの社長さんには、私のように元大工さんという人も少なくありません。大工さんは、モノづくりの現場にいる人たちです。モノづくりに近い人だから安心ということではなく、きちんとした家を建てるには、「キーワード」「知らなきゃいけないルール」を知っておかないと危険ですよということが伝えたいのです。

2 現場にいる大工さんに光を当ててあげたい

家を造るのは大工さん

そして、もう1つ伝えたいのが、結局、家はハウスメーカーさんが造るのではなくて、大工さんが造るということなんです。ハウスメーカーさんは、あくまでも営業をする部隊という認識です。だけど、営業部隊が悪いということを言っているのではありません。そうではなく、モノをつくる人にもう少しフォーカスするべき時代なのではないかなということです。

日本では、人口が増えていったことや所得が増えていったことで、どんどん家を建てていきました。そして、そのころはみんながどんどん家を買える時代でした。ところが、昨今は空き家問題が顕在化しているなど、人口増加が停滞、あるいは人口が減少したことで、需要と供給のバランスが崩れ、家が溢れる飽和状態になってきました。こうなってくると、家を買うときも、どんな家でもいいからとにかく家を買うという判断ではなく、どういった家を選ぶかという視点で消費者が判断するように変化していきました。そうなると、家を造る側も消費者から選ばれる時代になります。では、どういった基準で消費者は選ぶのか。高い安いということよりも、基準の本質は「しっかりとモノが造れるか、造れないか」ということなのだと考えています。だからこそ、大工さんがもっと注目されるべきなんだと。

大工さんの名前、言えますか？

現在、家を建てている人、すでに建てた家に住んでいる人、そういった日本中の方々に聞いてみたいんです。「あなたの家を建てた大工さんの名前を知っていますか？　家を建ててくれた大工さんの顔を見たことがありますか？」と。おそらく、ほとんどの人は大工さんの名前を知らないと思います。仮に、大工さんの顔を見たことがあったとしても、覚えている人は少ないと思います。まして、名前を知っている人はほとんどいないのではないでしょうか。みなさん、どうですか？

それぐらい、今の世のなかは営業部隊（販売する人たち）の印象が強いのです。造る側となる職人などは黒子役、縁の下の力持ちというイメージなのではないでしょうか。それくらい、売る側と造る側のパワーバランスが偏っているのです。しかし、一番すごいのは大工さんだと私は考えています。今は、いろいろと仲介してくれる人がお金をいっぱいもらえる時代になっているんですよね。それが悪いということではありません。もう少し、現場の人が見直される時代になっていかないと駄目なんじゃないか。そんな危機感を持つようになりました。大工さんを含め、あるゆる業界の職人さんは、その技術を習得するのに、相当な時間をかけていることは想像に難くありません。一朝一夕で技術が習得できたら、職人さんはいらなくなりますからね。それなのに、日当いくらで働いているだとか、その存在価値に見合った評価がされていないのです。

技術力を判断できるモノサシを持つ

建築業界に限らず、製造業でも同じです。世界に誇れるブランドが日本にはたくさんありますが、そういったブランドの製品を誰が造っているかというと、下町の工場なのです。その技術だって、試行錯誤を繰り返し、何年も何年も時間と苦労を重ねて、汗水垂らして頑張らないと習得できない技術です。グローバル規模の超一流企業が造るロケットの部品を、下町の中小企業が造っているという小説がありましたよね。実際に、世界的に見ても特殊な技術を習得している町の工場があります。

建築業界にも、そういった専門的な技術を習得している職人さんはいます。特に木造建築の場合がそうです。それは本当にすごい技術なのです。ところが、そういった技術力の話をしても、お客様には選んでいただけないのが実情です。例えば、C値やUA値、断熱材や家の気密性の問題、耐震等級、ZEH《ゼッチ》などなど。業界の特徴的なキーワードやルールなどの判断基準を知っていただき、その上で、ハウスメーカーさん、工務店さん、どちらに家づくりを頼むのか。あるいは、建売住宅を買うのか。その判断をしてもらえればと思っています。ハウスメーカーだから高いとか、工務店だから安いとか、そういった判断基準ではなく、将来のライフスタイルも見据えた家づくりをしてもらいたいのです。その判断基準をこの本で学んでいただけたらと思っています。

3 なぜ、家づくりに「モノサシ」が必要なのか

家づくりの判断基準を知っていますか？

人間は、あるモノに対して、それが良いものかどうかを決めるとき、大体、判断基準が存在し、それをもって良いか悪いかを判断することが多いですよね。例えば、クルマ。この場合、いろいろと判断基準はありますが、そのひとつに燃費があります。「リッター20キロ」であれば、燃費は良い部類に入るかと思いますので、良いクルマという判断ができます。

知らない人もいるかもしれませんので、簡単に説明しておくと、ガソリン1リットルで何キロ走るかというのを判断基準にしているのです。クルマの場合、燃費が、良いクルマかどうかを判断する「モノサシ」になっているのです。

では、家づくりはどうでしょうか。高い家に住めば幸せなのでしょうか。広い家に住めば幸せなのでしょうか。しかし、それは本当の判断基準にはなっていないのです。身の丈に合わない高い家を買ってしまったがために不幸になる人も、広い家に住んでいることで掃除が大変だと思っている人も、実は少なくありません。そう、家づくりの「モノサシ」となる判断基準を、ほとんどの人が知らないのです。

知らないと不幸になってしまうことも

知らないがために、判断ができず、不幸になってしまう。そんな人をこれまでたくさん見てきました。多くの人にとって、家づくりは一生に一度の高価な買い物です。そして、その家には長く住むことになります。マイホームを持ってこれから幸せになるはずなのに、下手な家づくりをしてしまうと不幸になってしまう。みなさん、できれば失敗したくないですよね。だからこそ、なんとかしたい。誰もが判断できる、家づくりのモノサシを作りたい、見つけたい、そういう気持ちになったのです。

不要で、削れる
間接費が分かった！

家を造るのは
誰なのかが分かった！

判断ができないで
情報をうのみに
していると将来、不幸に
なることが分かった！

さまざまな技術を
持つ大工がいる
ことが分かった！

第1章

家づくりに、
「モノサシ」が必要な
理由が分かった！

↓

LEVEL UP!

読者は5つのモノサシを手に入れ、
レベルアップした！

第2章

家づくりの依頼先を見極める「モノサシ」

4 建売・ハウスメーカー・工務店の違い

まずは建売住宅か、注文住宅か

賃貸やマンションではなく、戸建ての家を購入するにあたり、どういった方法で家を買うか。おおむね3つに絞られます。1つ目は、分譲住宅です。いわゆる「建売」と呼ばれるものです。すでに建物が造られた状態で、土地と建物を購入するパターンです。2つ目と3つ目は注文住宅を買う場合です。土地を探し、その土地に建物を造るパターンです。

図２－１　家づくりの方法

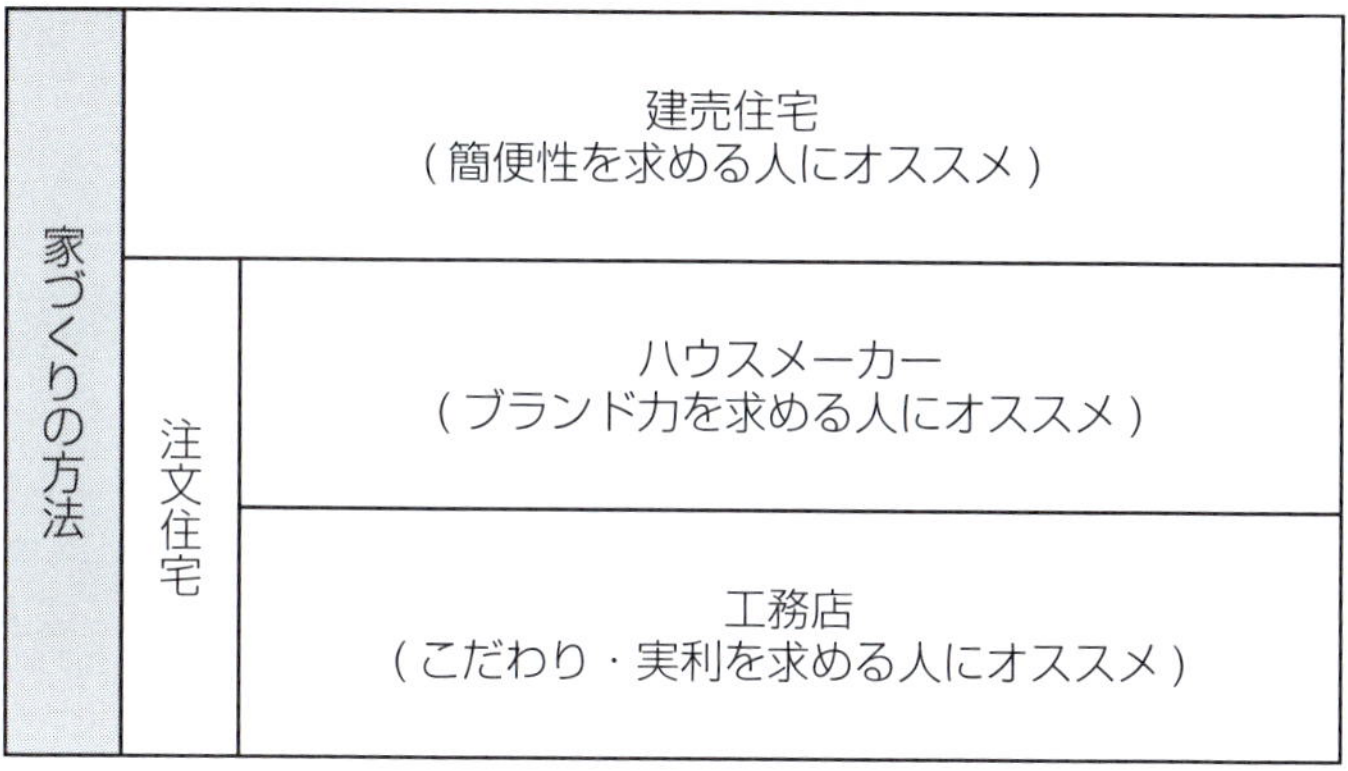
家づくりの方法
建売住宅
（簡便性を求める人にオススメ）
注文住宅
ハウスメーカー
（ブランド力を求める人にオススメ）
工務店
（こだわり・実利を求める人にオススメ）

注文住宅を頼む先で2つ目と3つ目が分かれます。2つ目はハウスメーカー。全国規模で展開しており、知名度も高いのが特徴です。積水ハウス、大和ハウス、へーベルハウス（旭化成ホームズ）など、みなさんもテレビCMなどで一度ならずともその名を聞いたことがあるのではないでしょうか。3つ目が工務店です。ハウスメーカーと比べて地域密着型と言えるかと思います。知名度・ブランド力がない分、お客様に寄り添い、意見を聞きながら造り上げていく点がハウスメーカーとの違いです。

建売住宅のメリット・デメリット

それでは、それぞれのメリット・デメリットを見ていきましょう。まず、建売住宅ですが、とにかく価格が安いというのがひとつのメリットになります。安いということは、例えばローンを組んで購入するとして、借り入れ金額を抑えることができます。

さらに、すでに家が建てられていますので、購入前に外観、間取り、内装、周辺環境などを確認できるのも大きなメリットです。そのほか、早くに住む（引っ越す）ことができるのもメリットでしょう。

では、なぜ安価になるかというと、同じような間取りの家をたくさん建てて売るのが建売住宅ですから、資材は大体同じものを使用するため、大量購入することで資材調達コストを低く抑えられるのです。その上で、希望にマッチした物件があれば、失敗せずに安い家が買えます。

反対に、デメリットはどういうことになるのでしょうか。まず、間取りが購入前に確認できることをメリットとして挙げましたが、一方で、自分たちの暮らしに合わない間取りの場合、購入を諦めるか、我慢して住むか。家に、自分たちの暮らしを合わせなければならなくなります。間取りはクリアしたとしても、壁紙や外壁の色などデザイン面での相性もあります。暖色系が好みだからといって、寒色系の外壁を変えることはできません。購入後に塗り替えることはできますが、余計な費用が発生することになります。

【メリット】
・とにかく安価(借り入れ金額が抑えられる)
・購入前に実物を確認できる（間取りや周辺環境など）

【デメリット】
・間取りをアレンジできない
・デザインを変更できない

ハウスメーカー（注文住宅）のメリット・デメリット

続いて、ハウスメーカー（注文住宅）です。まず大手であればあるほど信頼性が高まります。アフターサービスをちゃんとしてくれるのかなど不安な面もありますが、その点は担保されていると言えるでしょう。これが、ハウスメーカーの大きなメリットです。規格化して大量生産するシステムがハウスメーカーの特徴であり、資材の品質が安定しているのと、キッチンやトイレなどはコストの割にグレードの高いものが望めるのもメリットのひとつです。

デメリットとしては、価格の高さが最も大きな点です。知名度、ブランド力が高い分、価格が高くなってしまうのは仕方ない部分もあると思います。その分、丁寧な対応・サービスが望めます。さらに、規格外のことが多くなると価格がさらに高くなるといった点もデメリットです。メリットで前述したとおり、規格化して大量生産するシステムであるために自由度が低いことがその理由です。

【メリット】

・大手である信頼性、安心感がある
・品質が安定している

【デメリット】

・（安心である分）価格が高い
・規格外のことがあるとさらに高価になる

工務店（注文住宅）のメリット・デメリット

最後に工務店のメリット・デメリットです。一口に工務店と言っても、ハウスメーカーに近い工務店もあれば、デザイン性が高く、モデルハウスを有する工務店もあれば、地域に特化した一般的な工務店といったところもあります。ここでは、いわゆる一般的な工務店について説明していきたいと思います。

メリットですが、ハウスメーカーよりも価格が安いのは事実です。知らない人も少なくないのですが、ハウスメーカーに依頼しても、建築事務所などに依頼しても、施工するのは地場の工務店であることがほとんどです。そのため、工務店に直接、依頼することで中間マージン（広告費や人件費）がかからなくなります。ハウスメーカーと比べると広告費なども少ない分、価格に転嫁されるコストも少ないため、全体的にハウスメーカーよりも安いことが多いです。いろいろ相談しやすく、自由度が高いこともメリットとして挙げられます。さらに、地域に特化しているので、地域の気候・特性を考慮して建築してくれます。

その半面、一般的にはですが、技術力にばらつきがあること、デザイン力が高くないこと、倒産の不安があることなどがデメリットとして挙げられます。

【メリット】
・ハウスメーカーよりも価格が抑えられる
・設計面で自由度が高い

【デメリット】
・技術力にばらつきがある

・倒産の不安（アフターフォロー面）がある

分業性のメリットは売る側の話

建売住宅と注文住宅（ハウスメーカー・工務店）の違いは、ほとんどの方がお分かりになられていると思いますが、建てられた家を買うか（建売住宅）、これから家を建てるか（注文住宅）の違いです。では、注文住宅のなかで、ハウスメーカーと工務店の違いはお分かりでしょうか。先にも述べましたが、全国エリアで展開しているハウスメーカーと、地域に根ざしている工務店といったエリアの違いがあります。そのほかで、決定的に違うのが、ハウスメーカーは「家を売るだけ」で、工務店は「家を造る」ということです。

ハウスメーカーは、前述したとおり、結局は地場の工務店さん（大工さん）に依頼します。売る人と造る人が分業となっていて、ハウスメーカーの人間は売るだけであることは事実です。工務店でも営業と大工さんは別々の人間ですが、最初から最後まで携わる人間が多いのが工務店と言えるでしょう。

役割を分担していることでメリットは多々ありますが、それは造る側からのメリットであることがほとんど。関わる人間が多くなると、お客様からすると「この話はどの人にすればいいのか……」といった不安を感じたりしますよね。買う側からすれば、売る人と造る人が分担されていることでのメリットはあまりないと言えるでしょう。3000万円前後もする人生で一番大きな買い物ですから、みなさん失敗したくないという人がほとんどだと思います。どんなことでも親身になって相談できる環境の方が、納得した家が建てられると思います。

図２－２　建売住宅・ハウスメーカー（注文住宅）・工務店（注文住宅）のメリット・デメリット

	分譲住宅（建売住宅）	注文住宅	
		ハウスメーカー	工務店
◎メリット	◎とにかく安価 ◎購入前に実物を確認できる	◎信頼性・安心感がある ◎品質が安定している	◎ハウスメーカーよりも低価格 ◎設計面で自由度が高い
●デメリット	●間取りをアレンジできない ●デザインを変更できない	●価格が高い ●規格外はさらに高価になる	●技術力にばらつきがある ●会社規模が小さく不安がある

5 なぜ、建売・ハウスメーカー・工務店で価格が違うのか

みなさんのイメージ的には、価格の高さに順位をつけるとすると、どんな順位になりますか？　多くの人が同じ答えになるのではないかと思います。「建売住宅＜工務店＜ハウスメーカー」です。ではなぜ、このように価格に違いが生まれるのでしょうか？

価格差は建物の差

ここでは、分かりやすくするために、あえてざっくりと比較したいと思い

ます。土地の価格は1000万円とします。この価格は全てで同じになります。その上で、建物の価格を加算した販売価格を見ていくと、建売住宅は2000万円、工務店は3000万円、ハウスメーカーは4000万円といった具合になります。土地は同じ価格ですから、違いがあるのは建物の価格ということになります（図2−3参照）。

建売は、何度か説明していますが、とにかく同じ素材を大量に仕入れて資材購入のコストダウンを図ります。そして、たくさんの大工さんにお願いして一気に造り上げます。量産型の生産体制なので、全体のコストが抑えられているのです。そのため、建売住宅・工務店・ハウスメーカーのなかで比較すると、確実に建物の価格が安くなっているのです。

次に、工務店とハウスメーカーとの価格の差ですが、前節でも説明したとおり、間接費（中間マージン）の差が大きな違いとなります。一般的に、ハウスメーカーの場合、売る人と造る人が違います。場合によっては、売る人も代理店（外部）の場合もあります。そして、設計する人も外部、施工管理をする人も外部となるケースは少なくありません。そうなると、それぞれで間接費（中間マージン）が発生します。さらに、人件費・広告費・規格外のオプション費なども発生し、それが建築費に上乗せされていくのです。

工務店で言えば、こういった間接費がかかりません。すべてを自社で行っているためです。だからこそ、設計面での自由度も高いのです。

どれを選ぶかは、あなた次第

こうして、三者を比較すると、それぞれの特徴が見えてきます。建売住宅はやはりお手頃な価格帯が魅力です。そして、ハウスメーカーは信頼・安心感が魅力でしょう。最後に工務店の特徴は、コストパフォーマンスと言える

図２－３　建売住宅・工務店・ハウスメーカーの価格の違い

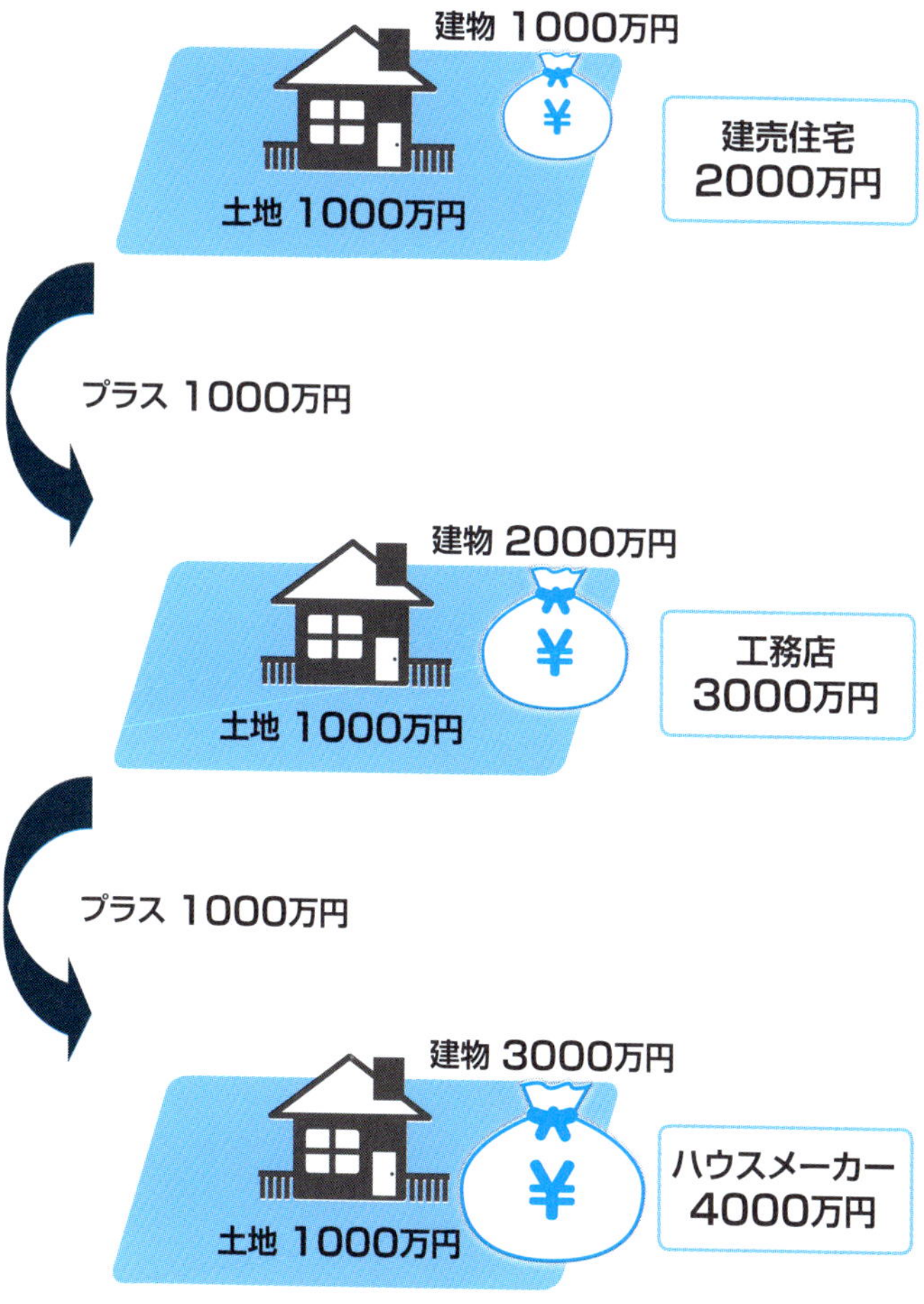

のではないでしょうか。どこに魅力を感じるかは人それぞれ。どれを選択するかは、あなた自身です。

6 良い工務店を見極めるモノサシ

工務店は「見える化」されている

そのなかで、工務店の良いところは、「見える化」されていることだと思っています。まず、小さい会社であることがほとんどですから、社長の顔が見えます。そして、現場で働く職人さんとも個々に会うこともできるでしょう。営業さんもそんなに何人もいないはずです。前に、元大工の工務店社長は少なくないと話しましたが、実際に社長が現場でトンカチをたたいている、なんて工務店もあります。誰が自分の家を建ててくれているのか、見えることと。それが工務店の良いところなのです。

モノづくりの本質は、大きな会社が作っているから安心できるということではないと思っています。実際に、現場でトンカチをたたき、鉋《かんな》で木を削って、家を造る人の顔が見えてない建物の造り方は、モノづくりの本質ではないと私は思っているのです。

これは、私が大工をやっていた経験から感じていることなのですが、ハウスメーカーのやり方が悪いとかではなく、同じお金をかけるのであれば、相手の顔が見えるところにかけるべきだと私は思っています。もちろん、営業する人がすごいことは分かります。しかし、ハウスメーカーは営業側ありきでの仕組みになってしまっているので、実際に現場にいる人が見えてこないのです。

最近は、野菜の販売において生産者を見える化していることがあります。誰が作っているかを見せることで消費者の安心感を補っているのでしょう。では、家はどうでしょうか。家を造るのは職人さんです。彼らの顔が見えてこないことには、信頼も安心も生まれてこないのではないでしょうか。

景気が悪いときこそしっかりと見極めを

景気が悪くなって会社の経営状態が悪化してくると、会社の社長さんがまず広告費を削減します。次にどこからコストを削減していくかと言ったら、ほとんどが職人の人件費を抑えようとするでしょう。なぜかと言うと、営業する人の人件費を削ってしまうと、数字が上がってこなくなるからです。家を建てたいという人を連れて来ない限り、職人さんも仕事がありません。

２０２０年の東京オリンピック・パラリンピックを控え、建設業界は忙しいと言われますが、実はその状況もだんだんと落ち着いてきている節がありま す。さらに、東京五輪の前に消費税が増税される予定です。おそらく、この3年以内に景気が悪くなる状況が起きてくると見ています。この2～3年が、工務店も含む、建設業界全体の勝負のときだと思っています。おそらく、淘汰《とうた》されていく工務店もあるでしょう。

消費者も、不景気になると給与所得が増えることは考えにくいでしょう。そうなると、余計に「賢い家づくり」をする必要性が出てきます。そこで、良い工務店の見極め方を伝授しましょう。

良い工務店を見極める5つのポイント

今の時代はインターネットの普及により、なんでもインターネットでそろいます。午前中に注文したティッシュペーパーが、その日のうちに届くという時代です。情報も、良い情報、悪い情報を含めて溢れています。そのなかで、良い工務店を見極める5つのポイントが以下になります。

(1) 企業理念をチェックしましょう。
(2) 社長の顔が見えるか、チェックしましょう。
(3) 沿革をチェックしましょう。
(4) 地域に貢献しているか、チェックしましょう。
(5) 情報発信(ブログやSNS等)を定期的に行っているか、チェックしましょう。

5つのポイントそれぞれについて、詳しく説明していきたいと思います。

（1）企業理念をチェックしましょう。

やはり、家づくりに対して、根本的な考え方を持っていない工務店には家づくりは頼みにくいですよね。最低限、「企業理念」は見ておきましょう。どういう考えのもと、家づくりを行っているのかを見極めてください。ホームページや会社案内などに、企業理念が書かれていない工務店、あるいは企業理念を公表していない工務店は、避けたほうが良いでしょう。

（2）社長の顔が見えるか、チェックしましょう。

家づくりは現場がかなり大事になります。現場がどのように動いているかを把握していない社長には、やはり家づくりをお任せできないと思います。売り方しか学んでない社長ですと、少し不安を感じます。家づくりの本質は何かといえば、家を作る現場や建物にどれだけ費用をかけているか。そういうことができている工務店さんは良い工務店だと考えます。そして、それをするためにはしっかりと社長自身が学んでいるか、どれだけ情報を取り入れているのか、そういった面が重要になります。自ら情報を収集されている社長は、「顔写真」がホームページや会社案内などに掲載されています。その方が情報は集まりやすいからです。

（3）沿革をチェックしましょう。

次に「沿革」です。例えば、建築士になろうとすれば、建築士の資格を取得しなければなりません。一方大工さんは、実は資格取得の必要性はありません。取得していればいろいろな面で有利な資格はありますが、最終的には技術力が重要になってきます。しかし、技術力は、そう簡単には取得できません。長い年月をかけて取得するものです。大工としての経験年数がどれだけあるのかが、技術力のひとつの目安になります。

このように、その工務店が家づくりにどれだけ従事してきたか、それが良い工務店かどうかの判断基準のひとつです。そして、その年数が示されているのが「沿革」なのです。いつから工務店を始めているのか、受賞歴やこれまでの仕事歴などが書かれていれば、それが判断基準となります。

仕事歴で注目すべきなのは、どういった種類の建物を造ってきたかです。例えば、料理で言えば、飲食店は飲食店ですが、そば屋さんなのか定食屋さんなのかでは、行っていることや、得意とすることは違います。工務店で言えば、木造2階建て住宅を建ててきたのと、マンションなどの施工を行ってきたのとでは全然違うわけです。だから、その職種を長く続けているのかという点をひとつの判断基準とすると、工務店の見方も変わってくるかもしれません。

一例として、私が経営する株式会社SAMATAの沿革を見てみましょう。

【株式会社SAMATAの沿革】

1965(昭和40)年　現社長・佐俣圭介の祖父・佐俣文吉が大工として建築業を開始。

2004(平成16)年　大工として県営住宅住戸改善工事において群馬県より表彰を受ける。

2005(平成17)年　地域密着の建築会社として「有限会社　佐俣建築」

２０１２（平成24）年　法人設立。「株式会社 ＳＡＭＡＴＡ」へ社名変更。現社長・佐俣圭介が新築のトータルプロデュース・リフォームをメイン事業とし、新たなスタートを切る。ベストハウスオブザイヤー２０１２ グッドデザイン賞を受賞。

２０１４（平成26）年　ベストハウスオブザイヤー２０１４ 自慢の家コンクール第１位獲得。

２０１５（平成27）年　サンゴの塗り壁「サンゴステティ」をリリース。

２０１６（平成28）年　長期優良住宅ＺＥＨ「ＬＳクラス」をリリース。

２０１７（平成29）年　規格住宅「Ｃクラス」をリニューアル。

２０１８（平成30）年　ショールーム「ＳＡＭＡＴＡスタジオ」を高崎市にオープン。

2019(令和1)年　佐保圭介が書籍「賢く住宅購入できる本　注文住宅の全国平均2807万円　家づくりの知識がなくて本当に大丈夫ですか?」を出版。

大工として家づくりの現場に携わってきたあと、工務店の経営者となったこと、グッドデザイン賞やコンクールの受賞、サンゴの塗り壁、商品住宅の種類、ショールームの有無など、会社の特徴や実績、何を重視しているかを沿革から読み取ることができます。

（4）地域に貢献しているか、チェックしましょう。

ハウスメーカーと工務店の違いでも説明しましたが、ハウスメーカーは全国規模で営業をしているのに対し、工務店は地域に根ざした営業を行っています。事業規模や、同じ職人さんに仕事を発注することなどを考えると、営業できるエリアは限られてくるためです。そのため、工務店は地域での評判が良いか悪いかが、即、仕事に影響します。

地域の方々とのつながりを大切にしているか、地域活動にどれだけ参加しているか、そういったことが判断基準のひとつになります。

（5）情報発信（ブログやSNS等）を定期的に行っているか、チェックしましょう。

今の時代、一般の人でもSNSなどを使って情報発信を行っています。ブログやSNSなどを行っているか、確認しておきましょう。そして、その更新頻度も判断基準のひとつです。半年に1回など更新頻度が低い工務店には疑問符が付きます。

また、ブログやSNSに、社長自らが出ているか（社長の顔が見えるか）、現場の様子が出ているか、地域活動の様子が出ているか、その辺もチェックすると良いでしょう。（2）や（4）の確認がブログやSNSでできる工務店は、情報発信力が高いと言えます。すなわち、良い工務店ということになります。

工務店を見極めるもうひとつのモノサシ

工務店でチェックしてもらいたいのが従業員数です。人数が少ないからすごいというわけではないのですが、従業員数が多すぎるのも、あまり良くないと思っています。しっかりと利益を取れている会社は経営が安定します。ところが、従業員数が多いということは、支出（人件費）が増えるということになります。人件費が増えると利益を圧迫します。

例えば、年間で50棟の家を建てている工務店さんの従業員数が25人だったとします。つまり、２棟で１人の従業員を養っている計算になります。これだと雇い過ぎです。

私が思うには、４～５棟で１人の従業員ぐらいの割合でなければ、理論的には経営が厳しくなるはずです。その計算からいくと、年間50棟の工務店は従業員10名がせいぜいだろうと思います。ましてや、25人は雇い過ぎです。

大工として作業を行う著者

図2－4　年間棟数と従業員の適正人数

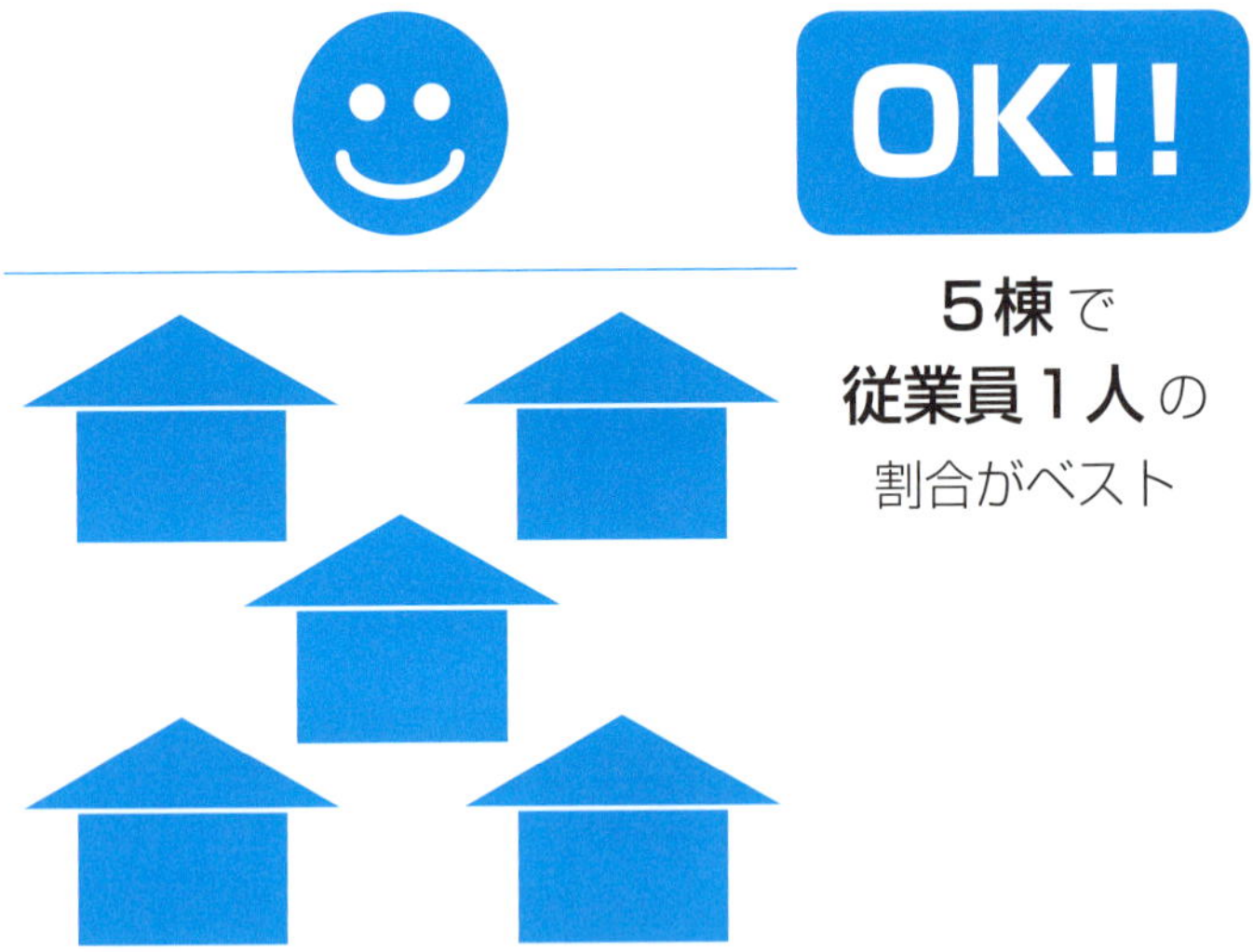

工務店を見極める5つのポイントが分かった!

建売住宅と注文住宅の違いが分かった!

工務店を見極めるもうひとつのモノサシが分かった!

建売・ハウスメーカー・工務店で、価格に差ができる理由が分かった!

第2章

↓

LEVEL UP!

読者は4つのモノサシを手に入れ、
レベルアップした!

第3章

土地選びの「モノサシ」

重要point

7 自分にふさわしい土地を選ぶ方法

家づくりをするにあたり、ほとんどの人が土地を買います。割合的には、家づくりをする人のおよそ8割の人が、土地を買った上で建物を作ります。当然と言われれば当然なのですが、なかには代々受け継がれている土地を持っているという人もいるでしょうし、あるいは家を建てる目的で前々から土地だけを買っていたという人もいるでしょう。ここでは、家づくりをしようと決めてから、土地を購入する人向けに解説していきたいと思います。

どんな生活をしたいのかを明確に

まず、土地を購入する際に注意してほしいことがあります。高い土地だから良いということではありません。大事なのは、どういった生活を送りたいのか、それを決めておくことです。その上で、その生活を送るのに理想的な建物が、その土地に建てられるのか。どこに家を建て、どこに駐車場を置き、庭はどこで、玄関はどちら向きで……それが可能な土地を見つけなければなりません。高くても自分の生活には合わない土地、安くても自分の生活に合う土地、それぞれあると思いますので、そこを判断基準にしてほしいと思います。

不動産屋は土地を売るだけ

不動産屋さんの仕事は土地の売買を仲介する以外にもたくさんありま

す。マンションやアパートの管理、分譲住宅やマンションなどの販売、大規模な都市開発、マンションなどのリフォーム、不動産に関するコンサルティングなど など。土地に関わるあらゆることを事業としています。その上で、最初に言っておきたいのは、読者のような戸建での家づくりに関して言えば、不動産屋さんは「土地を売る」ことが仕事になります。

不動産屋さんは、土地を売りたいという人の情報をたくさん収集し、土地を買いたい人とつなげて、仲介料を取ることで成り立っています。一般人が家づくりのために土地を買おうとし、どこにどれくらいの広さの土地があるのかを調べようとしても、インターネットで調べるくらいしかないでしょう。それで、お目当ての土地が見つかれば良いですが、インターネットにない土地の情報というものも少なからずあるでしょう。おそらく、多くの人が不動産屋に相談するはずです。そのために、不動産屋さんは土地を売りたいという人の情報を収集しています。

不動産屋さんは土地を買う人が、その土地でどんな家を建てたいかといったことはあまり関係ありません。それよりも、いくらまでならローンが組めるのか、そちらの方が優先度が高いと考えているでしょう。以上のことから、不動産屋さんの言うことをそのまま受け入れるのではなく、一度、よく考える必要があります。

事前に土地価格を確認しておこう

不動産屋に行く前に、事前に土地のことを調べるのは必須です。不動産屋も土地を売ることが仕事ですので、買わせたい土地があるのは仕方がないと言えます。そうなると、お客様の希望に合うのはAの土地だけど、Bの土地を売りたいから、Bの土地を紹介するといったことは当然、あり得ます。

図３－１　不動産仲介業者の仕事

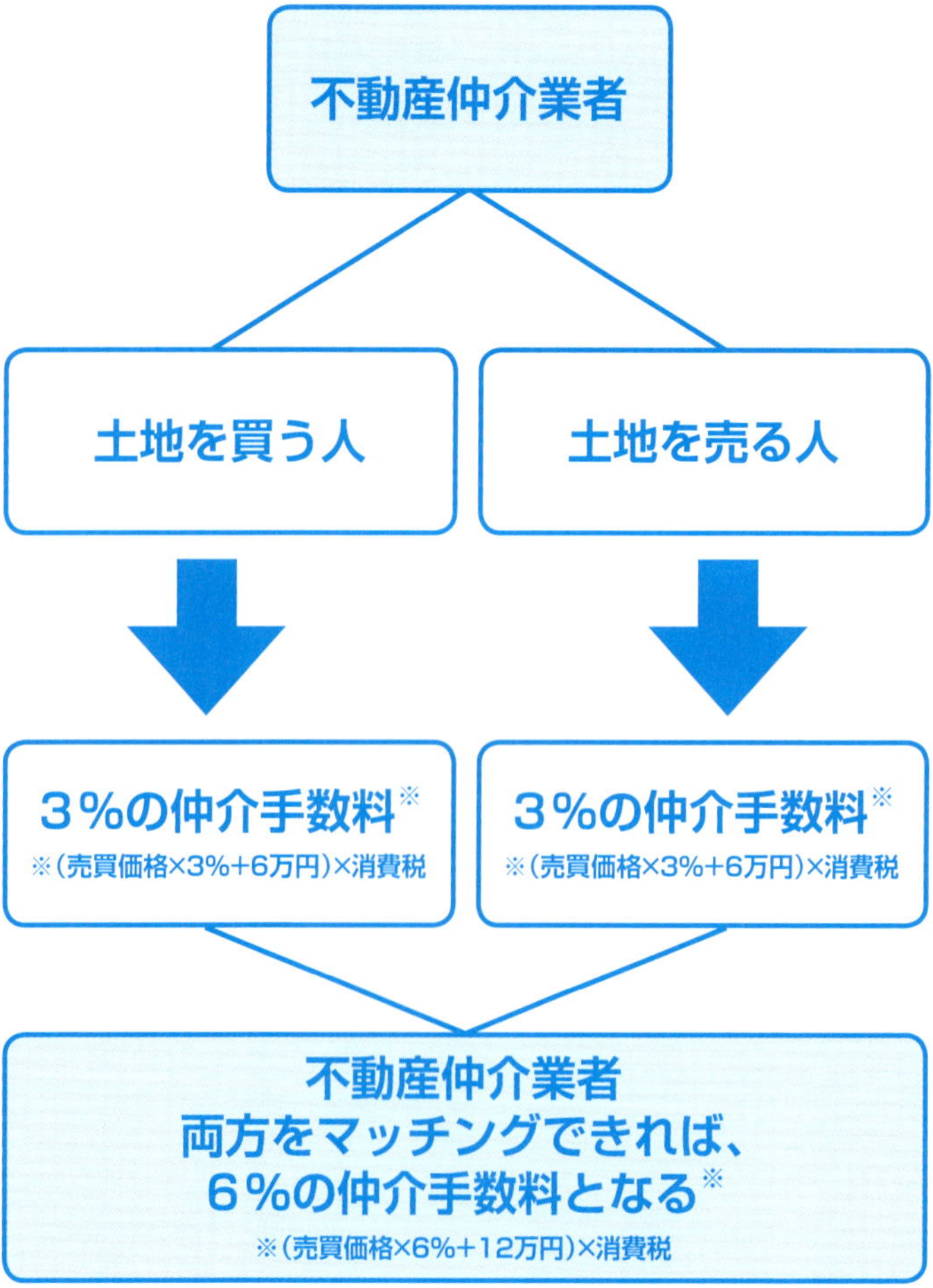

不動産屋の情報をうのみにせず、自分に合う土地を探すためには、やはり自分でリサーチするべきでしょう。

希望するエリアの土地を探す前に、自分で土地の価格相場を調べることができます。国土交通省のホームページ（図3-2）では公示地価、国税庁のホームページ（図3-4）では路線価を知ることができます。

地価が上昇しているエリアなのか、下がっているエリアなのかを知ることで、その土地の資産価値が今後上昇する見込みがあるかどうかを知ることができます。

また、地価がなぜ上昇したり、下がったりしているかを知ることもその土地を購入する判断基準の一つになります。産業が活発で就業人口が増えている地域なのか、郊外地のベットタウンでゆったりと暮らせる地域なのか、全国の公示地価（図3-3）などを見ることで地域が持っている特性を知ることが

図3－2　国土交通省地価公示のサイト画面

国土交通省　http://www.mlit.go.jp

図3－3　2019年都道府県別公示地価

公示地価平均（円/㎡）	都道府県
100～109万9999円	東京都
20～29万9999円	大阪府・神奈川県・京都府
10～19万9999円	愛知県・兵庫県・埼玉県・福岡県・広島県 宮城県・千葉県・沖縄県
9～9万9999円	
8～8万9999円	静岡県・熊本県・奈良県
7～7万9999円	石川県・愛媛県
6～6万9999円	鹿児島県・長崎県・岡山県・滋賀県・北海道 高知県・徳島県
5～5万9999円	大分県・和歌山県・岐阜県・香川県・福井県
4～4万9999円	富山県・長野県・三重県・新潟県・群馬県 山梨県・岩手県・栃木県・山口県・福島県 島根県
3～3万9999円	宮崎県・佐賀県・茨城県・鳥取県・山形県 青森県
2～2万9999円	秋田県

出典：国土交通省HPより作成

図３－４　国税庁 路線価図のサイト画面

国税庁　http://www.rosenka.nta.go.jp

できます。

さらに、「地域名×土地価格相場」などの検索キーワードを入力すると、民間の住宅・不動産情報サイトが公表している土地価格相場などを調べることができます。民間の住宅・不動産情報サイトは、実際に売買されている土地価格のビッグデータが元になっているため、住みたい地域名や沿線、駅名などで具体的な土地価格相場を知ることができます。

また、地域ごとの教育、医療、福祉、交通、平均年収、人口の増減などの情報が掲載されていて、多くの知識を得ることができます。図3-5に検索キーワードや、大手住宅不動産サイトをいくつか挙げています。実際に検索してみることをおすすめします。

図3－5　土地の相場価格を知ることができるWEB情報

検索キーワードの例
地域名　坪単価
地域名　土地価格相場
地域名　路線価
地域名　公示地価
住みたいエリアの土地価格を調べる

サイト名	
土地代データ	https://tochidai.info/
SUUMO 全国の土地価格相場情報	https://suumo.jp/tochi/soba/
スマイティ 全国の地価ランキング	https://sumaity.com/town/ranking/land/
全国地価マップ	https://www.chikamap.jp/chikamap/Portal?mid=216
国土交通省　路線価	http://www.rosenka.nta.go.jp/
国土交通省地価公示・ 都道府県地価調査	http://www.land.mlit.go.jp/landPrice/AriaServlet?MOD=2&TYP=0

8 土地探しは家づくりのプロと行おう

建築士さんと一緒に土地探しをしよう

建築基準法、都市計画法などなど、土地を購入するためには、いろいろな法律や規則に則らなければなりません。もちろん、書物を読むなどすれば知識は習得できると思いますが、一朝一夕にはいかないでしょう。また、おそらくほとんどの人は土地購入の経験がないと思います。そうなると、なかなか素人には難しいのではないでしょうか。

そこで、自分に合った土地を探すときは家づくりのプロと一緒に行うのがベストです。そのプロとは、建築士さんです。建築士とは、建築物の設計をしたり、建築物を建てる際の工事を監督・監理したりする国家資格を有する人です。一級建築士、二級建築士、木造建築士など、建築士のなかでも種類はいろいろと分かれています。

建築士さんがいれば、土地を見て、どういった家が建てられるかが分かります。自分はこういった生活が送りたい、だからこういった建物を造りたい、と自分の希望を建築士さんに伝えておきましょう。「この土地ならその希望は叶いそうです」など、建築可能かどうかを判断してもらえます。逆に、それが判断できない限り、土地を決められないとも言えるでしょう。ぜひ、土地探しをするときは、建築士さんと回ってみてください。

図３－６　建築士の種類

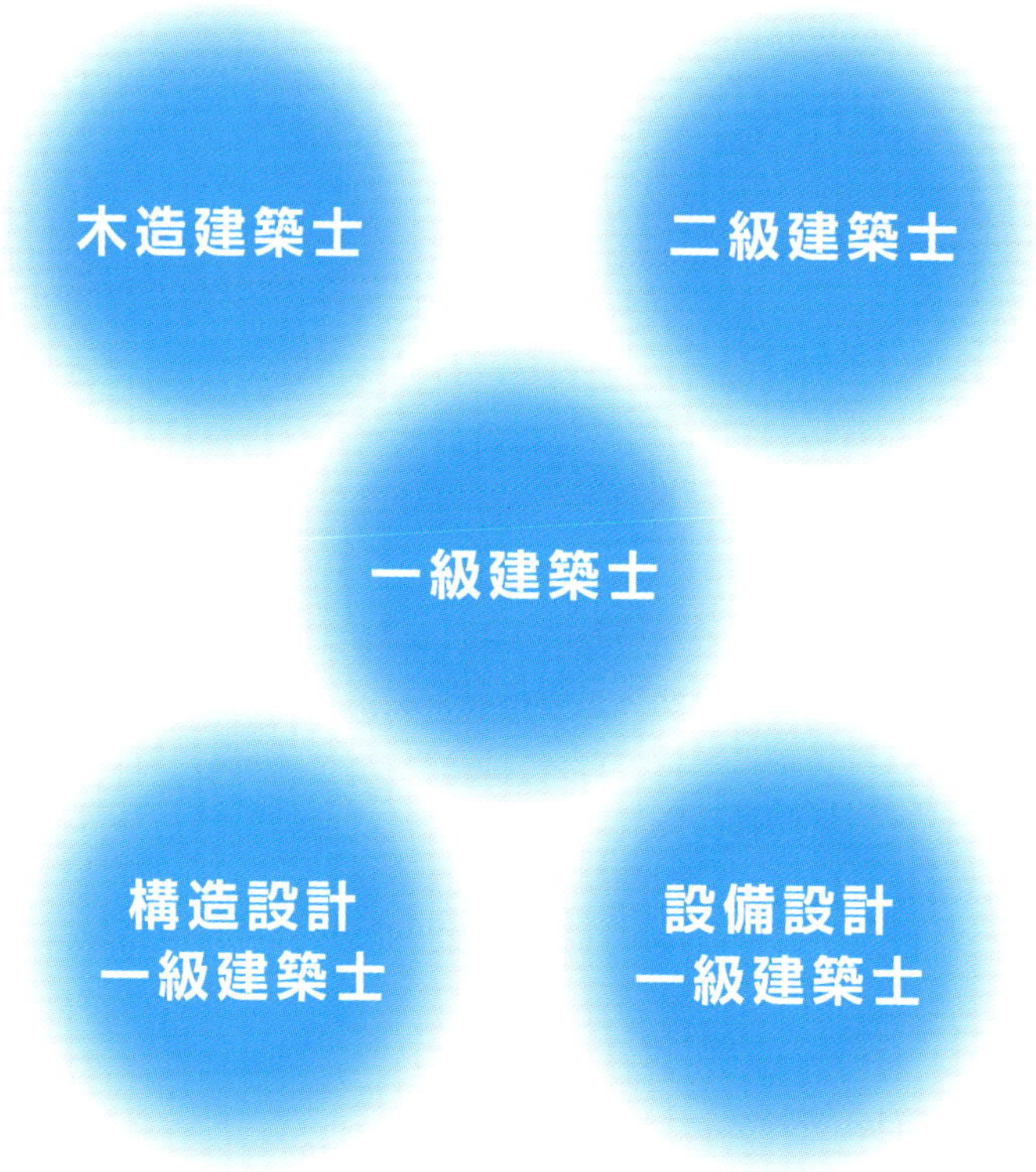

土地選びに必要な知識

とはいえ、ある程度、土地に関する知識を持っておくことは悪いことではありません。実際に、土地を購入するのは自分です。このタイミングで知っておくのも良いでしょう。

まず、家を建てる土地ですが、どこでも家が建てられるわけではありません。土地にも種類があり、家が建てられる土地、建てられない土地が定められています。それが都市計画法です。土地はまず、都市計画により、2つのエリアに分けられています。「都市計画区域」と、それ以外の「都市計画区域外」です。都市計画区域外のなかに、「準都市計画区域」があります。

次に、区域区分として、都市計画区域が3つに分けられています。「市街

図３－７　地域区分のイメージ図

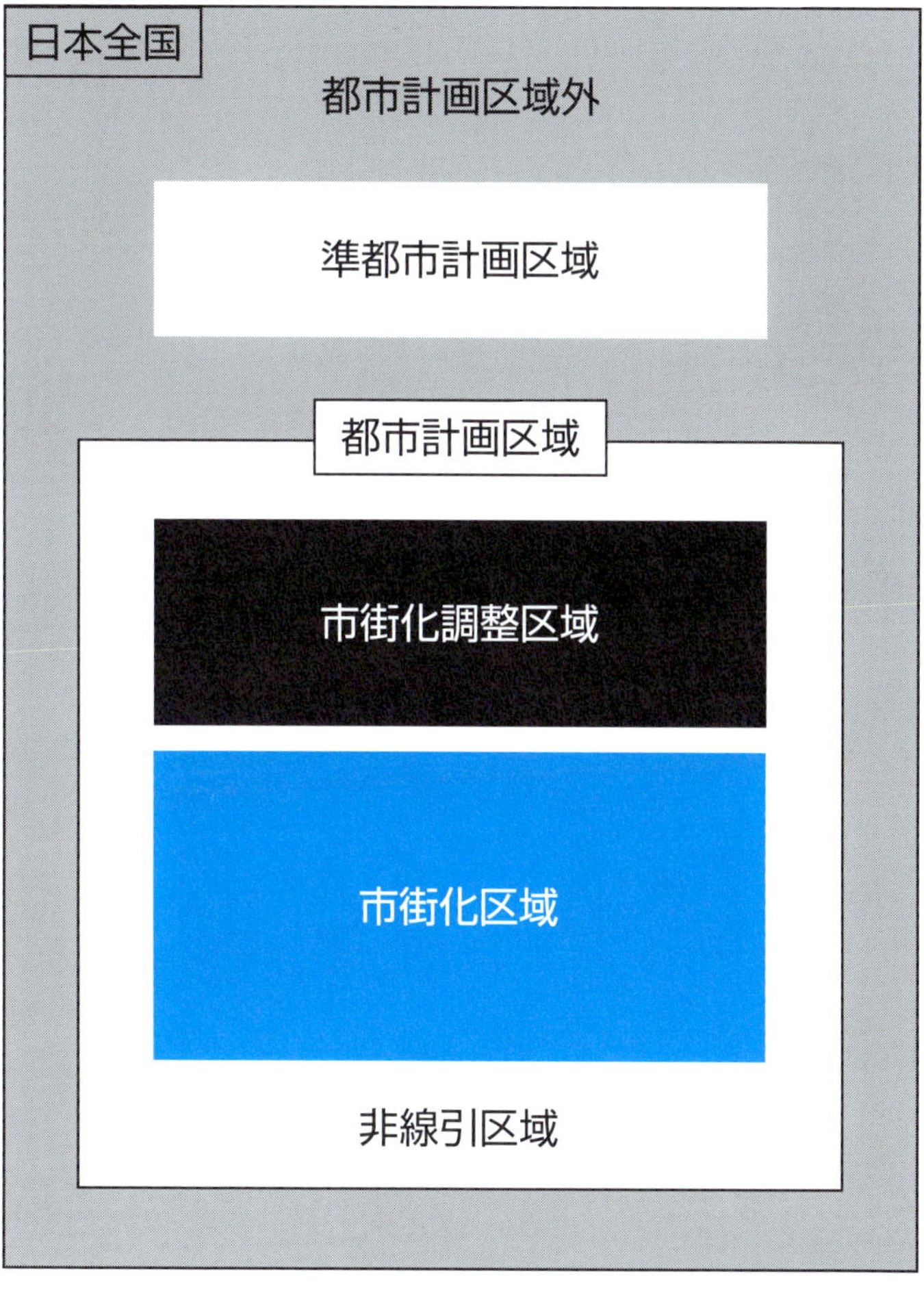

化区域」と「市街化調整区域」と「非線引区域」です。難しい名前がたくさん出てきましたが、要するに、例外を除き、原則として家が建てられないエリアが「市街化調整区域」で、それ以外は原則として家が建てられます。

家が建てられるエリアは、どんな家でも建てられるのかというと、そう言うわけでもありません。エリアごとに「用途地域」が指定されており、地域によって建てられる建築物に制限があります。

例えば、理想の暮らしができる建物を建てられそうな土地を見つけたとします。その土地が、どの用途地域に区分されるのか、知っておきたいところです。3階建ての家を希望していたとしても、その土地は3階建ての家が建てられないエリアかもしれません。そういったことにならないためにも、用途地域の趣旨を理解しておきましょう。

図３－８　用途地域の区分

分類	用途地域	趣旨
住居系	第一種低層住居専門地域	低層住宅に係る良好な住居の環境を保全するため定める地域 一戸建て（2～3 階建て以下の低層住宅）に優れた地域、小規模なお店や事務所をかねた住宅や小中学校などが建築可能
	第二種低層住居専門地域	主として低層住宅に係る良好な住居の環境を保護するため定める地域 小中学校などのほか、150㎡までの一定のお店などが建築可能
	第一種中高層住居専門地域	中高層住宅に係る良好な住居の環境を保護するため定める地域 容積率に応じて 4 階建て以上の中高層マンションや、病院、大学、500㎡までの一定のお店などが建築可能
	第二種中高層住居専門地域	主として中高層住宅に係る良好な住居の環境を保護するため定める地域 病院、大学などのほか、1,500㎡までの一定の店舗や事務所などの施設が建築可能
	第一種住居地域	住居の環境を保護するため定める地域 3,000㎡までの店舗、事務所、ホテルなどが建築可能
	第二種住居地域	主として住居の環境を保護するため定める地域 店舗、事務所、ホテル、カラオケボックスなどが建築可能
	田園住居地域	農業の利便の増進を図りつつ、これと調和した低層住宅に係る良好な住居の環境をほどするため定める地域 住宅に加え、農産物の直売所などが建築可能
	準住居地域	道路の沿道としての地域の特性にふさわしい業務の利便の増進を図りつつ、これと調和した住居の環境を保護するため定める地域 自動車関連施設などが建築可能
商業系	近隣商業地域	近隣の住宅地の住民に対する日用品の供給を行うことを主たる内容とする商業その他の業務の利便を増進するため定める地域 住宅や店舗のほかに小規模の工場が建築可能
	商業地域	主として商業その他の業務の利便を増進するため定める地域 銀行、映画館、飲食店、百貨店などが集まる地域。住宅や小規模の工場も建築可能
工業系	準工業地域	主として環境の悪化をもたらすおそれのない工業の利便を増進するため定める地域 危険性、環境悪化が大きい工場以外はほとんど建築可能
	工業地域	主として工業の利便を増進するため定める地域 どんな工場でも建てられる地域。学校、病院、ホテルなどは建築不可
	工業専用地域	工業の利便を増進するため定める地域 住宅、お店、学校、病院、ホテルなどは建築不可

理想の土地が見つからない場合

一般的に「良い条件の土地」と呼ばれるものは、当然ながら人気があります。せっかく巡り会えたとしても、決断が遅れてしまったがために、ほかの人に買われてしまったなんてことも少なくありません。だからと言って、あまり良くない土地を焦って買ってしまうと、のちのち大変なことになりかねません。

一般的に「悪い条件の土地」と呼ばれるものでも、アイデア次第では理想の建物に近いものが建てられるかもしれません。そうなれば、土地の購入費が抑えられ、その分、建物に費用を回すことができます。だから、建築士さんと土地探しをしていただきたいのです。

悪い条件の土地のひとつに、「旗竿地《はたざお》」と呼ばれるものがあります。道路

図3－9　理想を実現できる土地はどちらか

同じエリアにある2つの土地
あなたにとって、どちらが「いい土地」ですか？

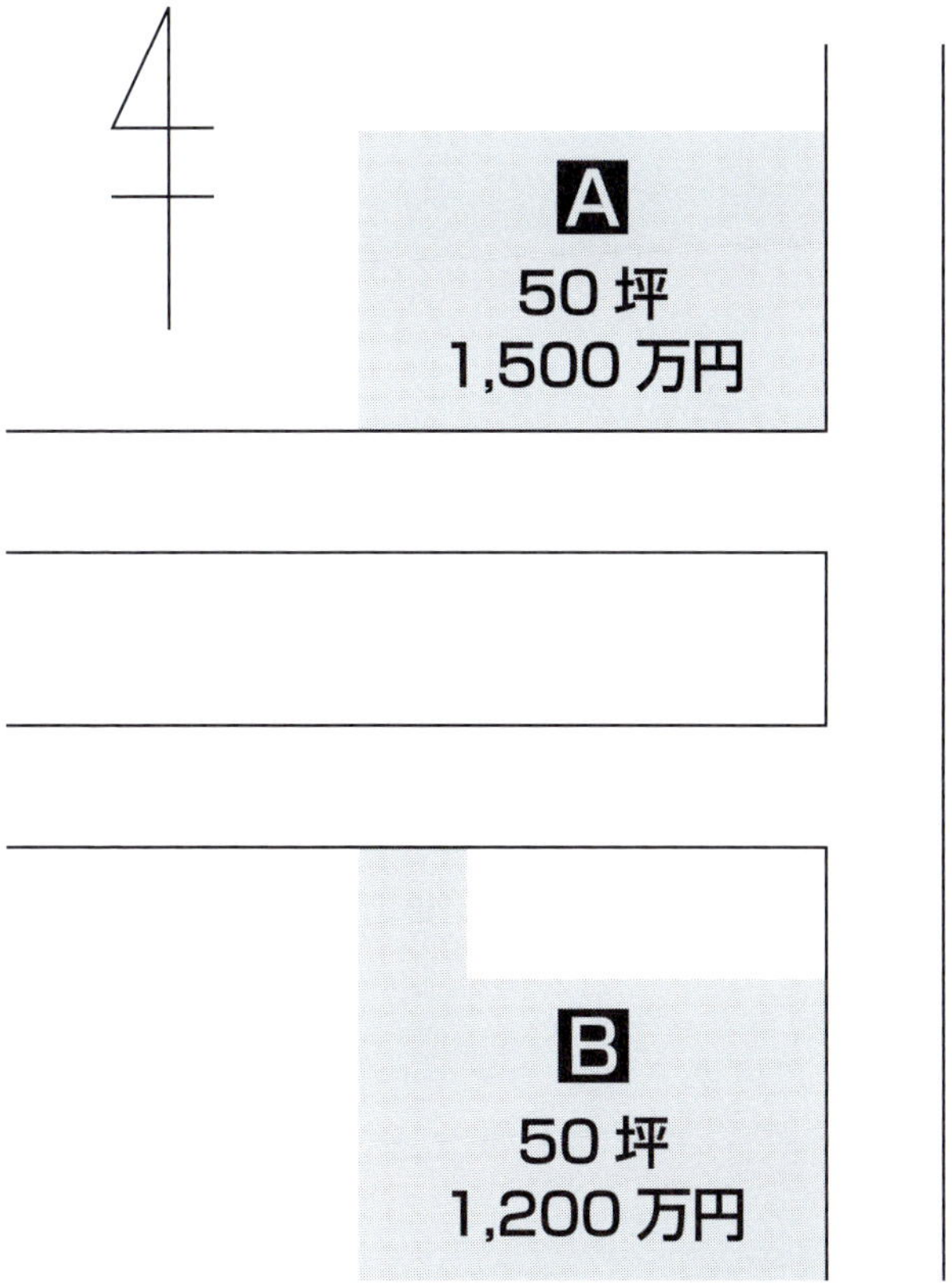

に接する土地が狭く、その奥に家が建てられる土地のことで、竿についた旗のような形状であることから、その名が付きました。扱いにくいとのことから、お手頃価格で売られている土地です。例えば、子どもがいる家族であれば、細い竿に当たる部分の土地に子どもが遊べる工夫を凝らすことで、庭代わりになるかもしれません。趣味のガーデニングを楽しむエリアにしてもいいかもしれません。デメリットだったエリアをアイデアによって〝楽しめるエリア〟に変えられれば、もしかすると理想の暮らしに近づけるのではないでしょうか。

家が建てられる土地だということが分かり、理想に近い建物も建てられそうだとなったら、次は、その土地に建物が建てられる面積を調べます。「建ぺい率」と「容積率」を調べなければなりません。建ぺい率とは、敷地面積に対し建築面積がどれくらいまで可能なのかを示すものです。建築面積とは、建物を真上から見たときに外周で囲まれた面積のこと。次に、容積

図3－10　主な条件の悪い土地

■傾斜地

土地が傾いている土地。それを生かして、半地下のある間取りや、半地下部分をビルトインガレージにするなども可能。

■狭小地

定義はされていないが、30坪以下を狭小地と呼ぶ場合が多い。条件によるが、3階建てにすることで十分な面積が確保できる。

■変形地

正方形や長方形などの整形地ではなく、扇形や五角形など変形した土地のこと。この形状を逆手に取り、個性的な間取りの家ができる可能性がある。

■旗竿地

敷地が旗竿の形状をしていることから、こう呼ばれるようになった。ただ、奥まった土地は閑静で良い面もある。路地部分に広さがあれば駐車場にするなどの活用法も考えられる。

旗竿地であっても、設計次第では理想に近い家づくりができる可能性があります

率です。これは、敷地面積に対し、延床面積がどれくらいまで可能かを示すものです。延床面積とは、各階の面積の合計。それぞれの計算方法は、図3-11を参考にしてください。

理想の暮らし、希望の建物ばかりを追い求めると予算オーバーになるケースが多いです。すべては予算内で可能かどうか。それもひとつの判断基準になります。条件の良い土地だと予算をオーバーするが、変形地で工夫を凝らして理想の暮らしに近づけば予算内に収まる、この二者択一であれば、後者を選ぶこともひとつの方法です。

図3－11　建ぺい率と容積率の計算方法

■建ぺい率

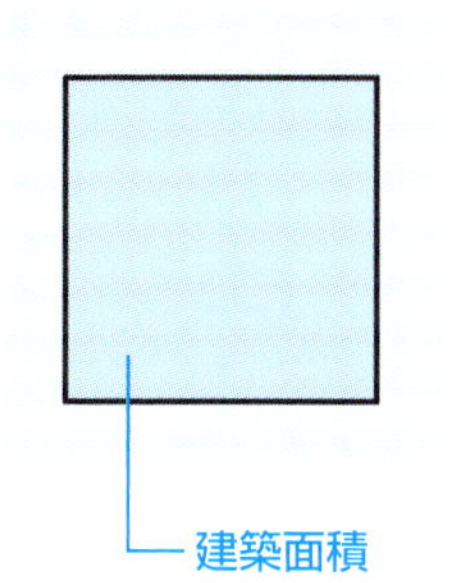

$$\frac{\text{建築面積}}{\text{敷地面積}} \times 100 = \text{建ぺい率(\%)}$$

敷地面積に対する建築面積の割合の限度を示す。建築面積は、建坪《たてつぼ》と呼ぶこともある。例えば、建ぺい率が50%で敷地が100㎡の場合、建築面積は50㎡までしか確保できないということになる。

■容積率

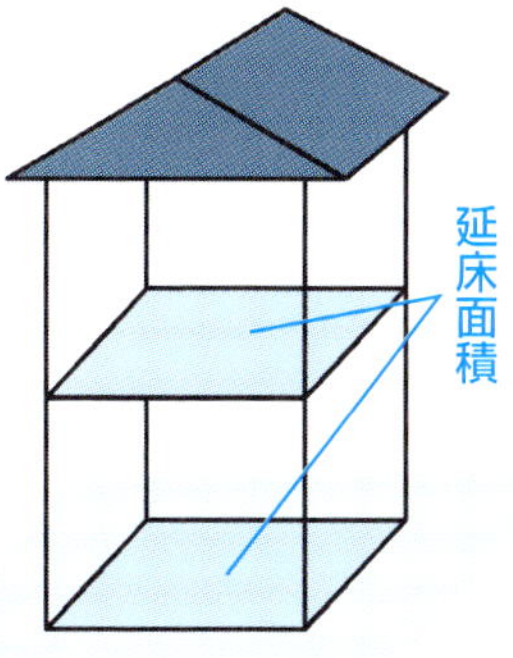

$$\frac{\text{延床面積}}{\text{敷地面積}} \times 100 = \text{容積率(\%)}$$

敷地面積に対する延床面積の割合の限度。容積率が80%の場合、敷地が100㎡なら延床面積は80m²が限度。1階の面積が50㎡なら、2階は30㎡までとなる。

建ぺい率と容積率により、建てられる規模がわかる

9 重要なのは、住んだ後を想像できるか

実は、土地探しで一番重要かもしれないのが、「周辺環境」です。見知った土地や地元などの場合は除きますが、知らない地域に土地を買うなら、実際に住んでみないと分からないことが多いと思います。お隣さんはどんな人なのか、近隣でトラブルは発生していないか、夜になったらどんな環境なのか、犯罪の発生率は高いのかなどなど。日中に1、2時間現場にいるだけでは分からない情報がとても大事なのです。

重要なのは近隣情報

「病院が近いです」というのはメリットに聞こえるかもしれません。確かに、何かあったとき、すぐに病院に行けるのはメリットかもしれません。しかし、そんなことが年に何回あるのでしょうか。

大学病院の近くに住む人から聞いた話ですが、夜になると救急車が多く来るそうです。救急車ですから、もちろんサイレンを鳴らします。たとえ、それが夜中だとしても。慣れてしまえば気にならないかもしれませんが、もしかするとサイレンの音が気になる人はいるかもしれません。

最寄り駅までのアクセスが良いかどうかも重要ですが、例えば、駅までの道が渋滞しやすいのかどうか、渋滞する時間帯は何時ごろで、その度合いはどれくらいか、そういったことも重要です。通常であれば10分で行く距離を朝の渋滞時は20分以上かかる、バスの車内はどれだけ混雑するのか、雨の日はさらに混雑するのか、そういったことは調べようと思えば調べられます。また、家に近い道路が大型トラックのよく通る道だと、振動が起こります。自宅から最寄りの公共交通機関までの道のりは、坂道が多いのか、実際に歩くと何分かかるのかが分かっていると、住んでからの実際の生活をイメージすることができます。

近隣情報は非常に重要です。実際に近隣の人に聞くことが一番ですが、なかなかそうもいかないですよね。でも、聞いておけば、住んでから分かることが、住む前に分かるのです。どんなことを聞けばいいのか、図3-12の表を参考にしてください。項目は40以上にも及びます。それだけ知っておきたいことが多いということです。

図3－12　土地調査チェック項目一覧

学校環境	近隣状況
保育園の距離（車・徒歩） 幼稚園の距離（車・徒歩） 小学校の距離（車・徒歩） 中学校の距離（車・徒歩） 通学路の安全性（横断歩道・信号） 学習塾（有・無）	近隣の方（名前・特徴） 町内会（有・無） 町内会費（有・無） 清掃活動（有・無） 集会 お祭り 子供会 消防団 育成会
安全・安心	**インフラ**
警察（交番・警察署） 防犯（街頭の数） 防火（消火栓の数） 防災（広域避難所） 医療機関（病院・診療所・歯科など） 消防署 福祉施設 公園（距離・広さ・設備） 緑地施設（距離・広さ・設備）	公共交通機関の最寄り（電車・バス） 公共交通機関の始発・終発 公共交通機関の本数／1H タクシーの利便性 最寄駅の駐輪場（有・無） ガス（都市ガス・プロパン） 水道 下水 浄化槽
居住環境	
ゴミ捨て場・掃除担当 日当たり（朝・昼・夕・夜） 交通量（朝・昼・夕・夜） 騒音（朝・昼・夕・夜） 臭い（朝・昼・夕・夜） 買い物（スーパー・コンビニ・商店街・ドラッグストア・クリーニングなど） 飲食店（ファミレス・ファストフード店・カフェなど） 金融機関（銀行・信用金庫・郵便局・ATM） 行政機関（役所・支所）	

事前に土地価格を
調べられるサイトが分かった!

土地を探す前に
何をしなければ
いけないかが分かった!

実際に土地を見るときは、
建築士さんと一緒が
いい理由が分かった!

土地は値段
ではなく希望の
生活が送れるかで
判断することが
分かった!

近隣について、
どんなことを
知っておくべきかが
分かった!

第3章

家が建てられる土地と
建てられない土地が
あることが分かった!

アイデア次第で良い土地に
なることが分かった!

LEVEL UP!

読者は7つのモノサシを手に入れ、
レベルアップした!

第4章

家づくりの「モノサシ」

10

家づくりのロードマップ 2020年の家づくりとは？

地球環境に配慮したビジネスの潮流

ちょっと話は変わりますが、クルマを運転されている方は多いと思います。そのなかで、ハイブリッド車に乗っている方は、今ではあまり珍しくありません。実際のところ、ハイブリッド車が初めて市販された1990年代後半から2000年前後は、まだまだ珍しい存在でした。

ところが、経済産業省によると、2030年の新車販売台数に占めるハイブリッド車の割合（目標）は30〜40％、EV・PHV車の割合（目標）は20〜30％と試算されています（図4－1参照）。この流れは、今後も進んでいくこ

図４－１　次世代自動車の新車販売実績と目標

	2015年（実績）	2030年（目標）
従来車	73.5%	30〜50%
次世代自動車	26.5%	50〜70%
ハイブリッド自動車（HV）	22.2%	30〜40%
電気自動車（EV）	**0.27%**	**20〜30%**
プラグインハイブリッド自動車（PHV）	**0.34%**	
燃料電池自動車（FCV）	0.01%	〜3%
クリーンディーゼル自動車（CDV）	3.6%	5〜10%

出典：経済産業省「自動車産業戦略 2014」
出所：経済産業省「EV・PHV ロードマップ検討報告書」2016.P4

とは間違いありません。自動車業界で、いまや〝エコ〟を抜きにしたビジネスは考えられないのです。

家づくりでもエコの視点が重要に

同じことが、家づくりでも言えます。これまで、家を建てるときに気を配るのは、立地であり、間取りが中心だったかもしれません。もちろん、それらの要素は極めて重要なのですが、省エネ時代の今、「エコ」という視点が重要になってきています。

今ではほとんど見られませんが、昔の映画やテレビドラマでは、「雨漏りする家」「隙間風が入る家」が登場するシーンは珍しいものではありませんでした。そういった住宅としての性能が劣った家が建てられないように、建築基準法などで住宅の基準は定められてきました。さらには、阪神淡路大震災・東日本大震災など、大規模な災害があると、同じような被害が出ないように、耐震基準も厳しく、関連法が改正されてきました。

そこで、今注目されているのが「エコ住宅・省エネ住宅」です。これも、2020年から、国が定めた省エネ基準を満たさない建物は建築許可がおりないようになる予定でした（※2018年12月3日の社会資本整備審議会建築分科会建築環境部会において白紙化）。これは、2011年に「LCCM住宅（ライフサイクルカーボンマイナス住宅）」の推奨、2012年に「低炭素住宅」の誕生、2013年の省エネ法改正、2015年からのゼロエネルギー住宅普及展開など、住宅の省エネ化の大きな流れの一貫です。しかし、義務化に踏み切ったとしても基準を実現できる会社は少ないなどの理由から見送られたのです。

住宅の質の向上では、かつては隙間風や雨漏りなど、最低限の性能の確保が求められ、その後、災害への対応、長寿命化への流れ、そして今は、「省エ

図4－2　家づくりのロードマップ

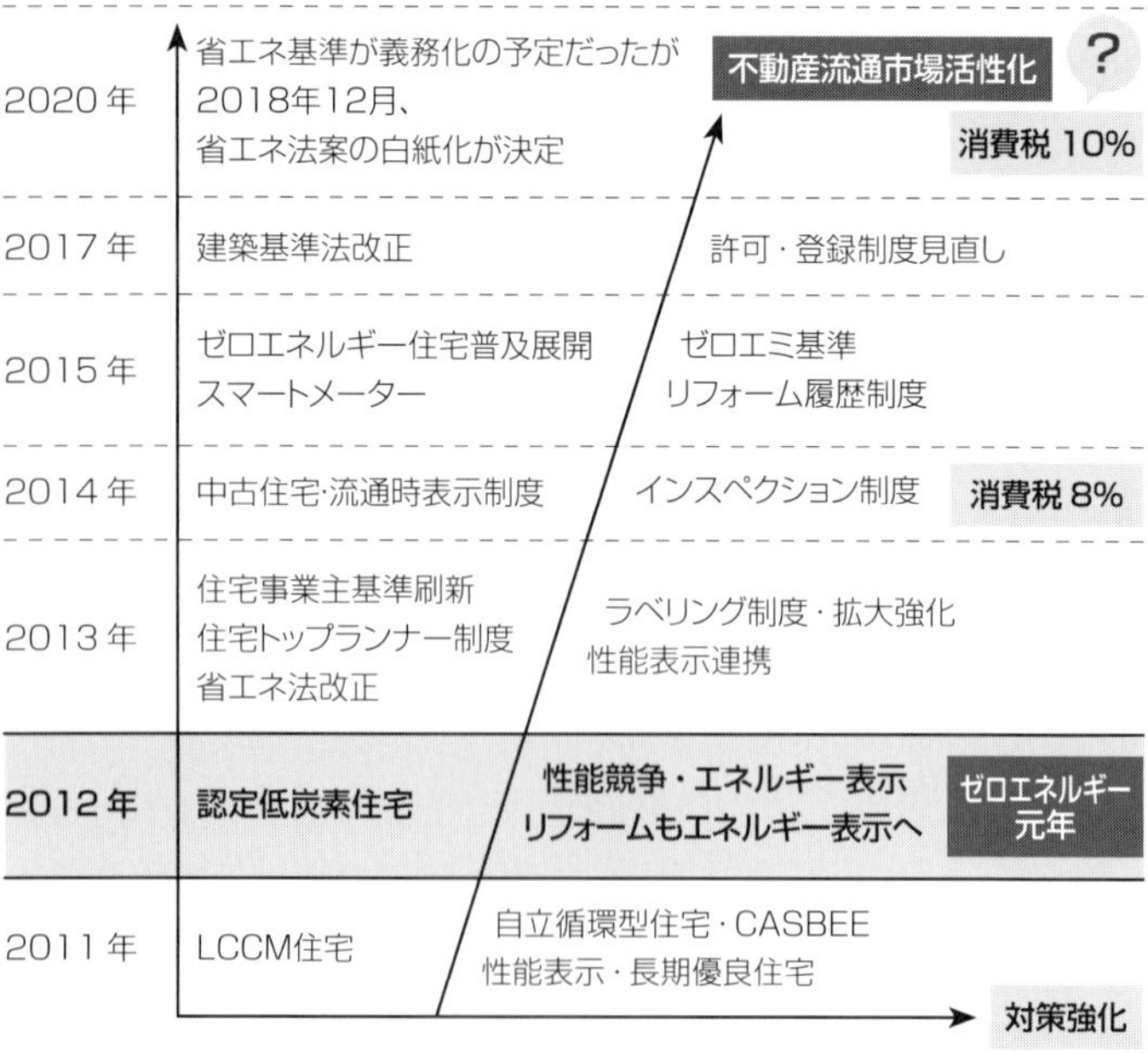
2020年
省エネ基準が義務化の予定だったが
2018年12月、
省エネ法案の白紙化が決定
不動産流通市場活性化
?
消費税 10%
2017年
建築基準法改正
許可・登録制度見直し
2015年
ゼロエネルギー住宅普及展開
スマートメーター
ゼロエミ基準
リフォーム履歴制度
2014年
中古住宅･流通時表示制度
インスペクション制度
消費税 8%
2013年
住宅事業主基準刷新
住宅トップランナー制度
省エネ法改正
ラベリング制度・拡大強化
性能表示連携
2012年
認定低炭素住宅
性能競争・エネルギー表示
リフォームもエネルギー表示へ
ゼロエネルギー元年
2011年
LCCM住宅
自立循環型住宅・CASBEE
性能表示・長期優良住宅
対策強化

ネルギー」に注目が集まっているといえます。4章でお伝えする「家づくりのモノサシ」のなかでも、「省エネルギー」は非常に重要なモノサシになるのです。

11 海外では当たり前の省エネ住宅

日本の家は省エネ性能が低い⁉

実は、住宅の省エネルギー化では、日本は後進国だと言われています。図

図４－３　世帯当たり用途別エネルギー消費の国際比較　GJ/ 世帯

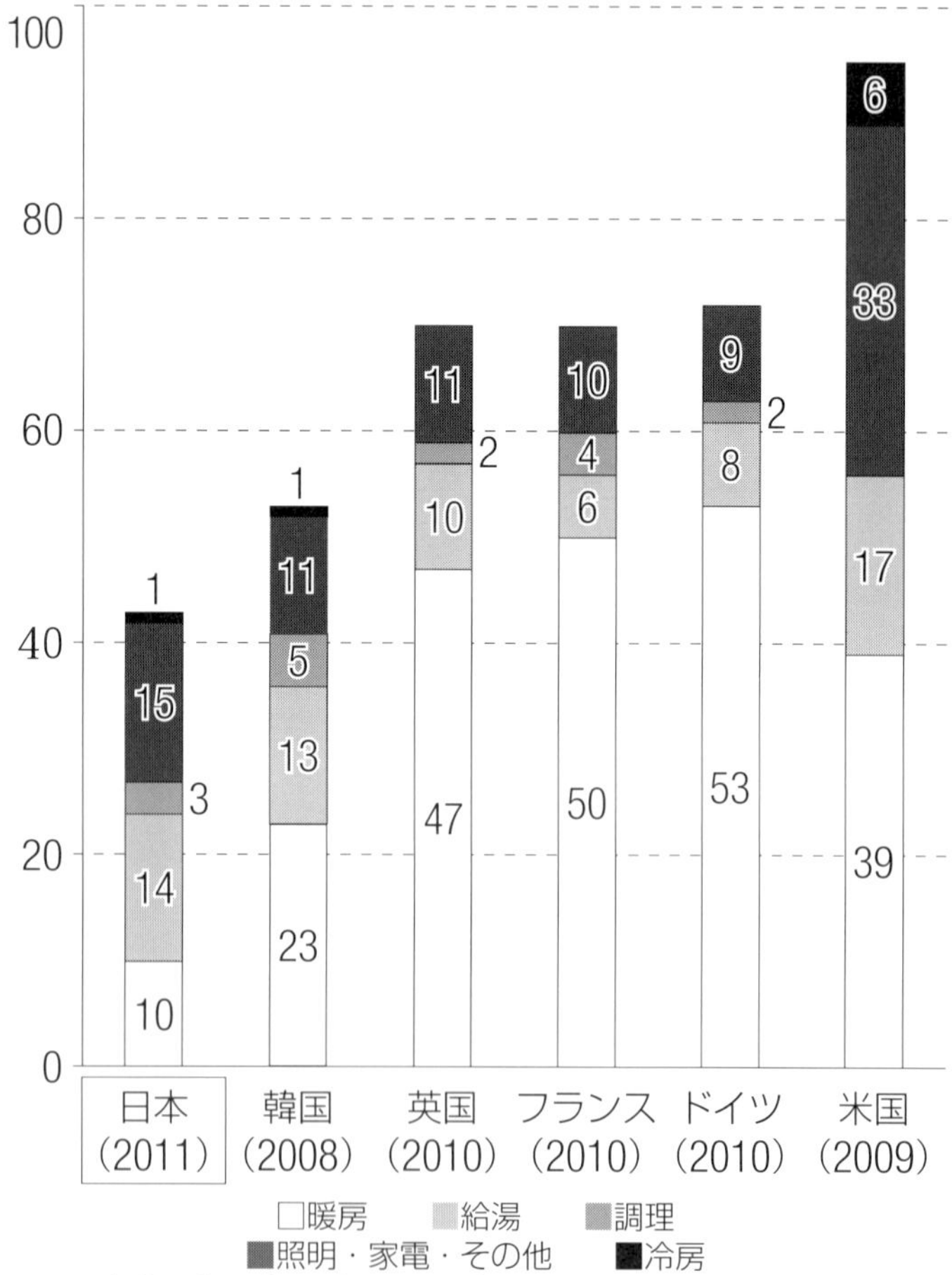

出典：（一財）日本エネルギー経済研究所資料より作成

4―3の図で見ると、意外に日本の住宅はエネルギー消費量が少なく見えます。しかし、韓国やイギリス、フランス、ドイツは、日本よりも寒い国であり、暖房費がかかって当然です。しかも、日本エネルギー経済研究所では、「日本の暖房用エネルギーは、間欠運転・部分暖房を行っており、他のOECD諸国より消費量が小さい」（2014年7月24日「エネルギー原単位の国際比較、民生部門の省エネルギー課題ならびに海外事例について」）とコメントしています。つまり、寒いと感じたときに、人がいる部屋のみを暖めているので、エネルギー消費量が抑えられているだけで、住宅の省エネ性能は高くない可能性があるわけです。

アルミサッシは断熱性能が極めて低い

一方、住宅の断熱性能が高ければ暖房費も抑えられるはずですが、断熱性能に大きく影響する窓サッシについて、国際比較があります（図4-4参照）。最近では、ペアガラスなども普及しているのですが、注目すべきはサッシの素材です。実は、アルミサッシは他の素材に比べて加工しやすく、安価に大量生産できるのですが、断熱性能は極めて低いのです。

ところが、日本では、ほとんどのサッシはアルミ製です。これが海外だと、樹脂製のサッシが主流になっています。日本のサッシは、断熱性能、つまり省エネ性能を犠牲にしているといえます。しかし、アルミサッシを否定するつもりはありません。現在の日本では、樹脂製のサッシは高価で、性能と価格を天秤にかけるとどうしても、アルミサッシにならざるを得ないことも多いでしょう。アルミサッシでも、樹脂スペーサーを使うことで断熱性能を改善できることもあります。ここで注目したいのは、欧米に対して、日本の住宅は省エネ性能で劣っているということなのです。

図４－４　世界の樹脂サッシの普及状況

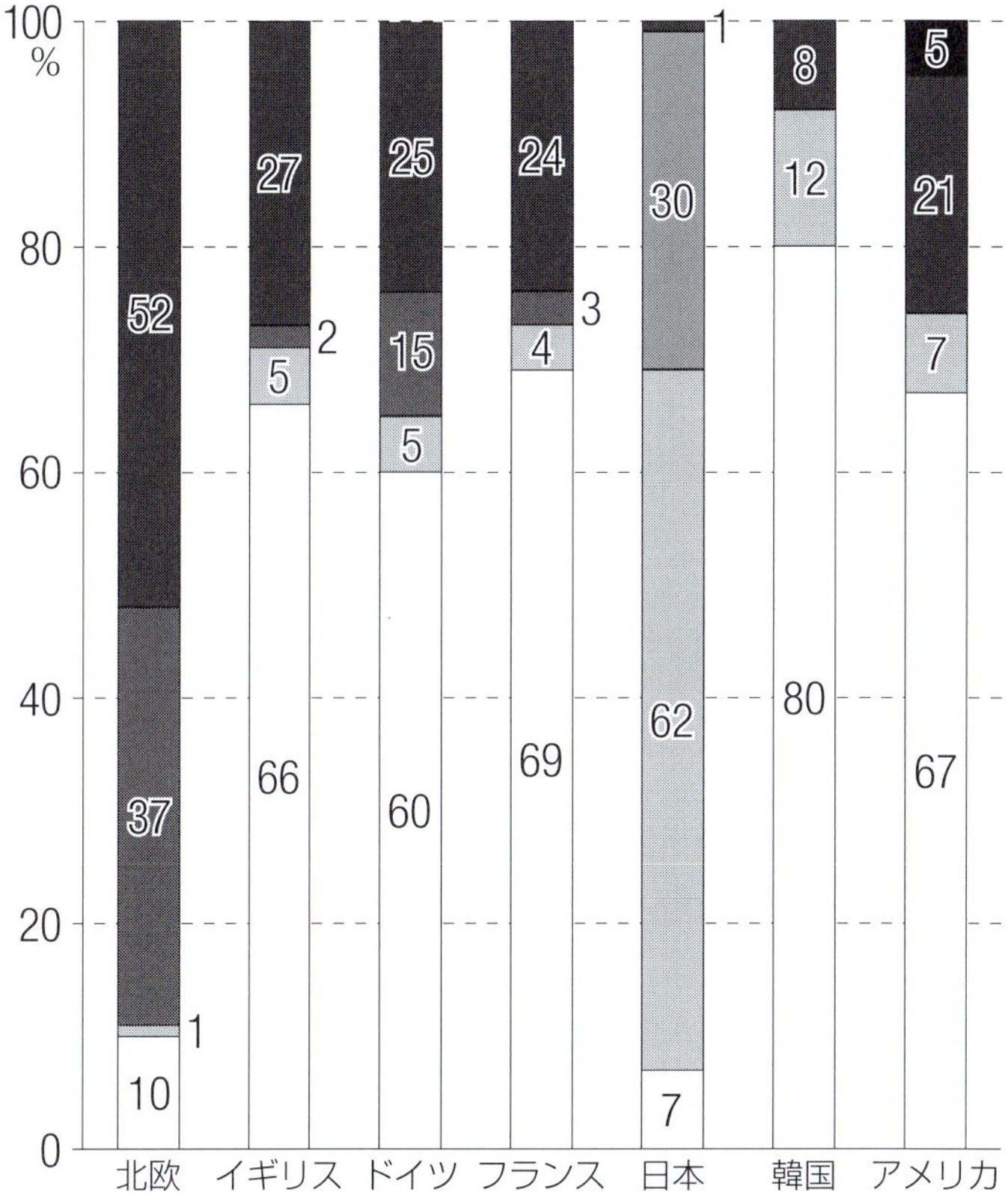

□樹脂　アルミ　アルミ樹脂複合
アルミ木複合　木製　その他
出典：樹脂サッシ工業会ホームページより作成
http://www.p-sash.jp/what/

12 古い家に潜む命の危険

命を奪う「ヒートショック」

前述したように、日本の暖房では「間欠暖房・部分暖房」が多いと言えます。必要なときに必要な部屋だけ暖めるという、一見すると効率が良い暖房に思えますが、これは命の危険性をはらんでいるのです。

気密性が低く、断熱性能が低い住宅では、家全体を暖房しようとすると非常に高い暖房費がかかります。温めた熱がどんどん逃げていくからです。

だから、家のなかでも人がいる狭いエリアに絞って暖房し、暖房費を抑えてきたのです。しかし、これは健康に良くない。最悪の場合、命を落とす危険性もあることが分かっています。

それが「ヒートショック」です。最近、さまざまなメディアでも話題になっているので、ご存知の人も多いでしょう。ヒートショックとは、急激な温度差で脳梗塞や心筋梗塞を起こすこと、また急激な血圧の変化で意識障害などを起こすことを指します。

例えば、浴室に入る場合、脱衣所で服を脱ぎますが、ほとんどの脱衣所は暖房がされていません。寒い脱衣所で裸になると血管が収縮し、血圧が上昇します。もともと高血圧の症状がある人は、この段階でも血圧上昇による脳出血などのリスクが高まります。ここから暖かい浴室に入ると、今度は急激に血管が膨張し、血圧が下がります。急激な血圧低下による意識障害の危険、さらには血管収縮時にできた血栓による心筋梗塞や脳梗塞の危険が高くなってしまいます。

図4-5のように、この10年間で高齢者の溺死・溺水事故は1・5倍にも増加しています。このうち、約7割が浴室での事故であり、さきほど触れた急激な血圧変化による意識混濁が原因とされています。

この数字は、交通事故による死亡者数を大きく上回っています。交通事故よりも、自宅内の浴室のほうが命の危険度が高いという皮肉な数字です。これに脳梗塞や脳出血、心筋梗塞などを加えると、浴室での事故の数値はもっと大きくなります。

そこで、最近では、脱衣所を局部的に暖房する小型のヒーターが活用されたり、住宅設備機器メーカーでも、脱衣所の暖房機器を販売するなど、対策が進んでいます。しかし、これは、脱衣所だけの問題ではありません。

図４－５　高齢者の「不慮の溺死及び溺水」による死亡者数の年次推移

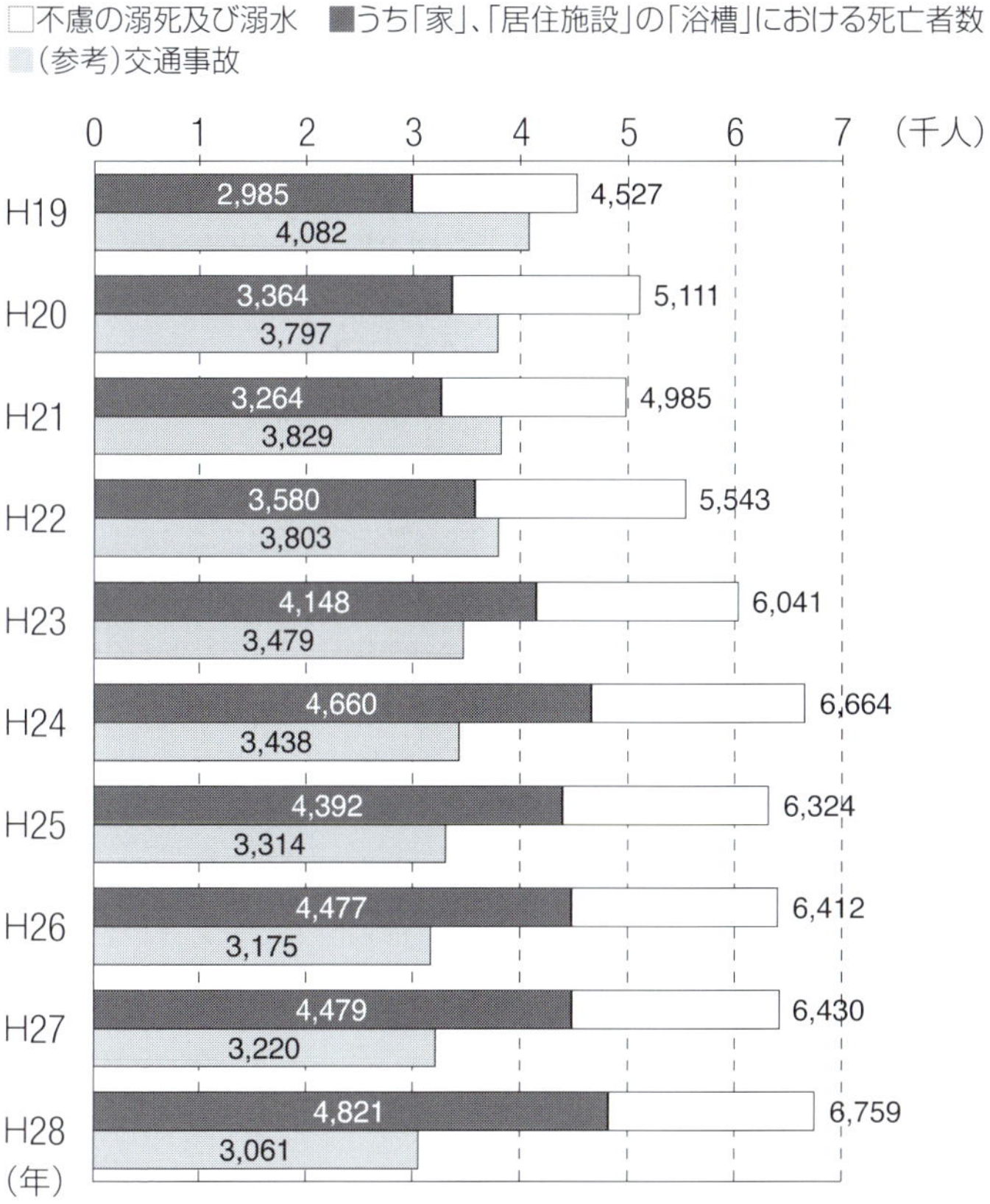

※消費者庁より作成
https://www.caa.go.jp/policies/policy/consumer_safety/caution/caution_009/pdf/caution_009_181121_0001.pdf

さきほど触れた、日本特有の部分暖房が問題であり、その背景には、気密性、断熱性が低い住宅が多いという問題があるのです。これが高気密高断熱の住宅になると、熱を外に逃さないので、家全体を効率良く暖めることができます。寒い冬でも、脱衣所と浴室、廊下、居室の温度差が小さいのです。

また、暖房効率が低い家では、暖かい部屋から出たくないなどの理由で「家のなかでも動かなくなる傾向」があります。運動量が低下するのです。一方で、高気密高断熱住宅の場合、廊下などでも暖かいので、自然と室内の移動が増えます。運動不足にはさまざまな危険があり、高齢者の場合、同じ姿勢を長くとることで生じるエコノミークラス症候群のリスクが高まります。加えて、室内でも壁や窓際などとほかの場所の温度差が大きいと、コールドドラフトという現象が起きます。これは、室内の温度差で対流が生まれてしまうことで、温度差によって体調を崩す例も少なくありません。

健康に害を及ぼす「結露」

高気密・高断熱の家を語る際に、欠かせないもうひとつの健康に関わるポイントが「結露」です。結露とは、暖かく湿った空気が冷やされることで、空気中の水分が水滴になって窓や壁などに付着することです。冬場になると、湿った暖かい空気が充満した室内と外気に冷やされた窓ガラスなどの温度差で、結露が発生します。結露がひどい場合は、床に垂れて床材を腐らせてしまうこともあります。

結露の怖さは住宅への被害だけではありません。人の健康にも大きな影響を与えます。結露を放置すると、床材などをはじめとする木材、建材が湿ってカビが発生しやすくなります。そして、カビを餌とするダニも増えていきます。カビの胞子、ダニのフン、ダニの死骸が乾燥して室内に大量に漂うことになるのです。これらの物質は喘息《ぜんそく》の発作の原因になるばかりか、アレルゲンとしてさまざまなアレルギー症状を起こします。断熱性能が低い家では、窓など分かりやすい場所に限らず、タンスなどの家具の裏。押入れのなかなどでも結露が発生し、これらのアレルゲンを生み出してしまいます。

13 快適に暮らすための省エネルギー基準

前節では、ヒートショックや結露の怖さについて触れました。これらを防ぎ、快適な暮らしをするためには、「高断熱」「高気密」な住宅にする必要があります。では、何を以って、「断熱性能」「気密性能」が高いと言えるのでしょうか。その基準となる数値が以下の3つです。

・UA値
・Q値
・C値

断熱性能を図るのがUA値・Q値で、熱量がどれくらい逃げやすいのかを表した数値です。気密性能を測るのがC値で、家にどれくらい隙間があるのかを表した数値になります。

断熱性能を判断するモノサシ

2013年に改正された省エネ基準は2つのポイントがあります。「外皮性能を評価する基準」と「一次エネルギー消費量の評価基準」です。

1つ目の「外皮性能を評価する基準」は、UA値が基準になっています。外皮とは、「屋根」「壁」「窓」「玄関ドア」「床」といった「家の中と外の境目」を指します。この部分の断熱性能で、基準を満たしなさいというものです。

ちょっと難しくなりますが、もう少し詳しく説明しましょう。「UA値」は家全体の断熱性能を表す数値で、「外皮平均熱貫流率(W/㎡k)」のことです。これは、室内の熱が外に逃げる割合のことで、数値が小さいほど良いとされています。北海道や東北など、寒い地域ではより高い断熱性能が義務付けられます。これらの基準に対しては、住宅の高気密化、高断熱化

図4－6　地域区分と「外皮平均熱貫流率」「冷房期の平均日射熱取得率η AC」の数値

地域区分	主な該当都道府県
1　2	北海道
3	青森県、秋田県、岩手県
4	宮城県、山形県、福島県、栃木県、長野県、新潟県
5　6	茨城県、群馬県、山梨県、富山県、石川県、福井県、岐阜県、滋賀県、埼玉県、千葉県、東京都、神奈川県、静岡県、愛知県、三重県、京都府、大阪府、和歌山県、兵庫県、奈良県、岡山県、広島県、山口県、島根県、鳥取県、香川県、愛媛県、徳島県、高知県、福岡県、佐賀県、長崎県、大分県、熊本県
7	宮崎県、鹿児島県
8	沖縄県

※実際の地域区分は市町村別に定められています。詳しくは国土交通省または(一財)建築環境･省エネルギー機構のホームページをご覧ください。

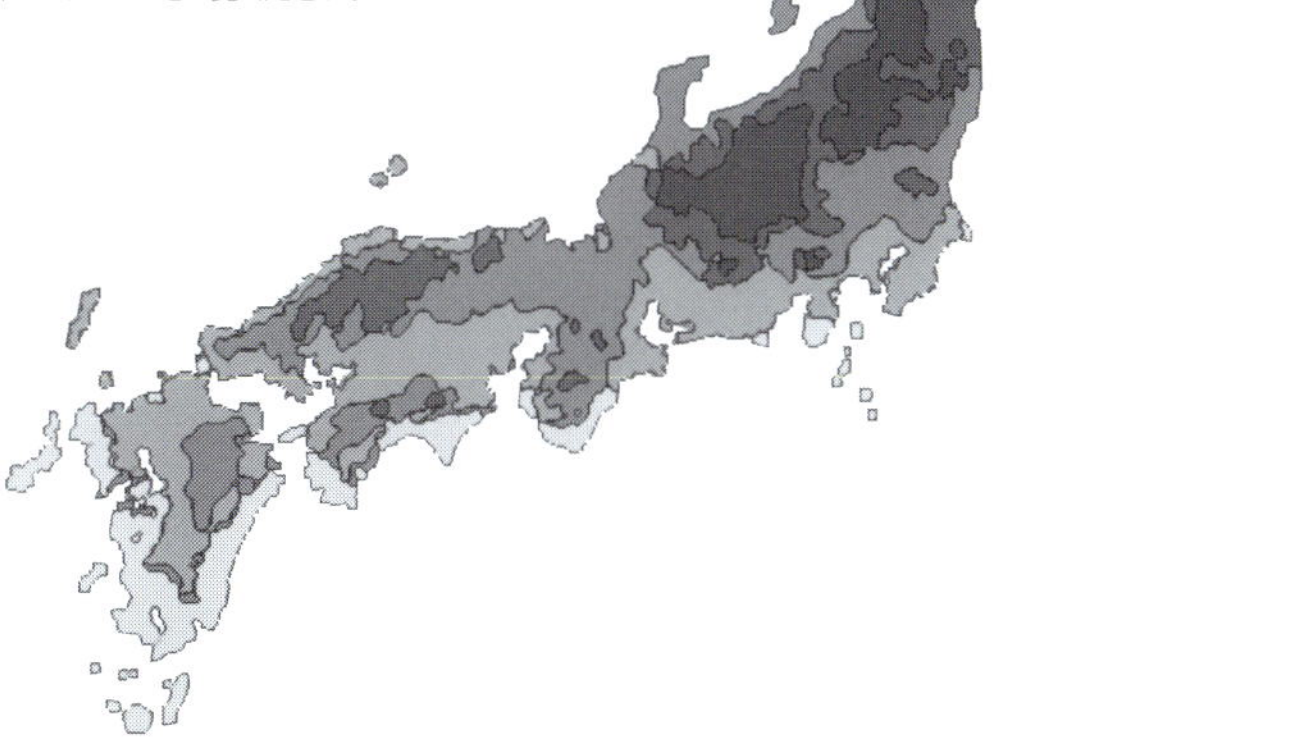

地域区分	1	2	3	4	5	6	7	8
外皮平均熱貫流率 UA ［W/(㎡ K)]	0.46		0.56	0.75	0.87			—
冷房期の平均日射熱取得率 η AC	—				3.0	2.8	2.7	3.2

で対応することになります。

また、暑さへの対策も基準値が設けられており、日射遮蔽《しゃへい》性能を示す「冷房期の平均日射熱取得率（ηAC）」があります（図4-6参照）。夏の日光によって建物に入ってくる熱を少なくしなさいというもので、暖かい地域に設定されています。こちらは、窓ガラスの高性能化や、庇《ひさし》・軒で夏場の日差しを遮り、冬場は日差しが入りやすいように設計するなどの工夫が必要です。

では、これらの数値は、どれくらいが適正なのでしょうか。もちろん数値が低いほうがいいのですが、どの程度の数値ならば、高断熱の家だと言えるでしょう。その参考になるのが、2015年7月に公布された建築物省エネ法で、図4-7のような基準を設けています。

この「UA値　0・87W／㎡k」は、本州、四国、九州などの比較的温暖な地域の基準であり、東北地方や北海道などでは、もっと厳しい数値になっ

図4－7

国が定める
省エネルギー基準

U_A値	0.87W/㎡・k
Q値	2.7W/㎡・k

UA値：地域区分5、6、7の値
Q値：地域区分7の値

図4－8

「HEAT20」が示す
断熱性能推奨基準［U_A値］

HEAT20 G2 水準	0.46W/㎡・k
HEAT20 G1 水準（ZEH基準U_A値 0.6W/㎡・k）	0.56W/㎡・k

地域区分6、7の値
※ HEAT20とは、2009年に発足した「2020年を見据えた住宅の高断熱化技術開発委員会」の略です。

ていることは、先に示したとおりです。この数値は最低基準だと考えなければなりません。区分表の数値よりもマイナス0・2が推奨の数値です。区分5、6、7を例に挙げれば、「0・67W／㎡k」となります。

一方、HEAT20（2020年を見据えた住宅の高断熱化技術開発委員会）が示す断熱性能推奨基準では、UA値は「0・46W／㎡k」となっており、おおむねこの数値を参考にするといいでしょう（図4-8参照）。

図4－9　HEAT20が目指す室内温度環境

冬期間、住宅内の体感温度が15℃未満となる割合

外皮性能グレード	1、2地域	3地域	4~7地域
G2	2%程度	8%程度	15%程度
G1	3%程度	15%程度	20%程度
2013年 省エネ基準の家	4%程度	25%程度	30%程度

冬期間の最低の体感温度

外皮性能グレード	1、2地域	3地域	4~7地域
G2	概ね15℃を下回らない	概ね13℃を下回らない	
G1	概ね13℃を下回らない	概ね10℃を下回らない	
2013年 省エネ基準の家	4%程度	概ね8℃を下回らない	

※体感温度の考え方：
ここで示した体感温度とは作用温度であり、一定の暖房条件のもと、通年に渡る住空間の有効利用、冬季厳寒期の住宅空間内において表面結露・カビ菌類による空気質汚染や健康リスクの低減等も踏まえ設定したものである。

※「15° Cを下回る割合」の算出方法

$$\frac{\text{室ごとの面積}[m^2]\times\text{室ごとの暖房期間中に15°C未満となる時間数}[h]\text{の合計}}{\text{延べ床面積}[m^2]\times\text{暖房期間日数}[\text{日}]\times 24[h]}\times 100=\text{15°Cを下回る割合}[\%]$$

温度：作用温度［° C］

温度を算定した室	
LD	1階ホール(玄関·廊下·階段)
台所	浴室
和室	洗面室
寝室(+クロゼット)	1階トイレ
子供室1	2階ホール
子供室2	2階トイレ

温度を算定した室
旭川 9/28~5/31
札幌 10/1~6/2
盛岡 9/30~5/31
仙台 10/1~6/2
宇都宮 10/10~5/15
東京 11/11~4/17
鹿児島 12/6~3/22

出典:2020年を見据えた住宅の高断熱化技術開発委員会 HEAT20

断熱性能を高めるためには、窓や外壁、屋根はもちろん、換気、床や基礎の部分まで断熱について配慮しなければなりません（図4-10参照）。

図４－１０　室内から逃げる熱量

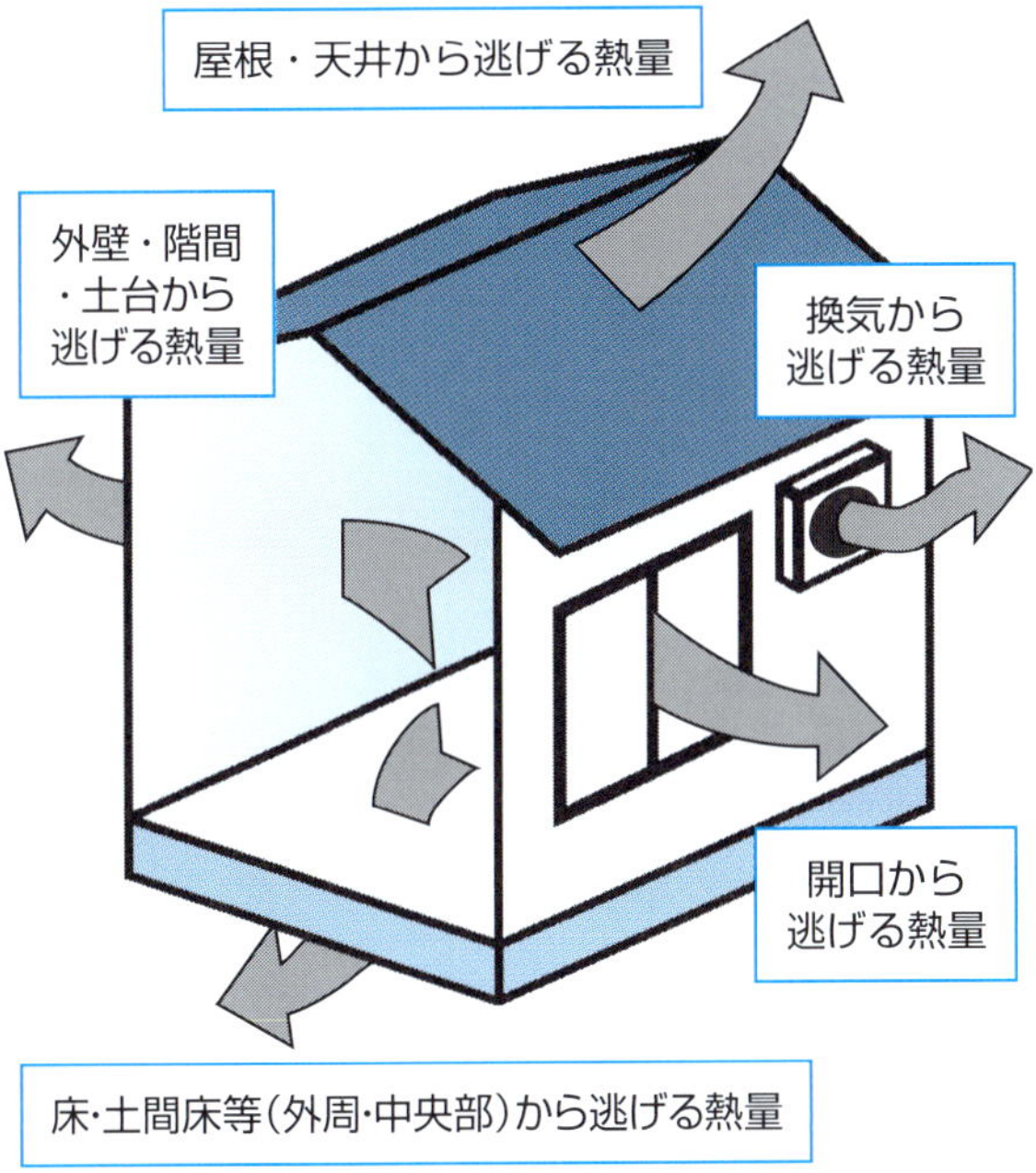

次にQ値ですが、「熱損失係数(W／㎡k)」のことで、室内外の温度差が1℃のとき、家全体から1時間に床面積1㎡あたりに逃げ出す熱量を指します。この数値も、小さいほど断熱性能が高いことになります。

元々はQ値が国の定める断熱性能基準となっていましたが、2013年の省エネ基準改正以降はUA値が基準となっています。

気密性能を判断するモノサシ

次は、「C値」です。これは気密性を表す数値です。「相当隙間面積(㎠／㎡)」といい、床面積1㎡当たり、どれくらい(何㎠)の隙間があるかを示した数値です。住宅の様々なところに開いている目では確認できない小さな隙間の面積を合計(㎠)し、住宅の延床面積(㎡)で割ったものです(図4-11参照)。

では、どれくらいの数値が適正なのでしょうか。一般的には「5㎠／㎡」が基準となっていますが、実際に現場では「1㎠／㎡」以下の数値が当たり前になっています。「0・6〜0・5㎠／㎡」であれば高気密住宅と言えるでしょう。
3つの数値の計算方法は、図4-12のとおりです。

図４－11　C値が４㎠／㎡の場合の隙間のイメージ

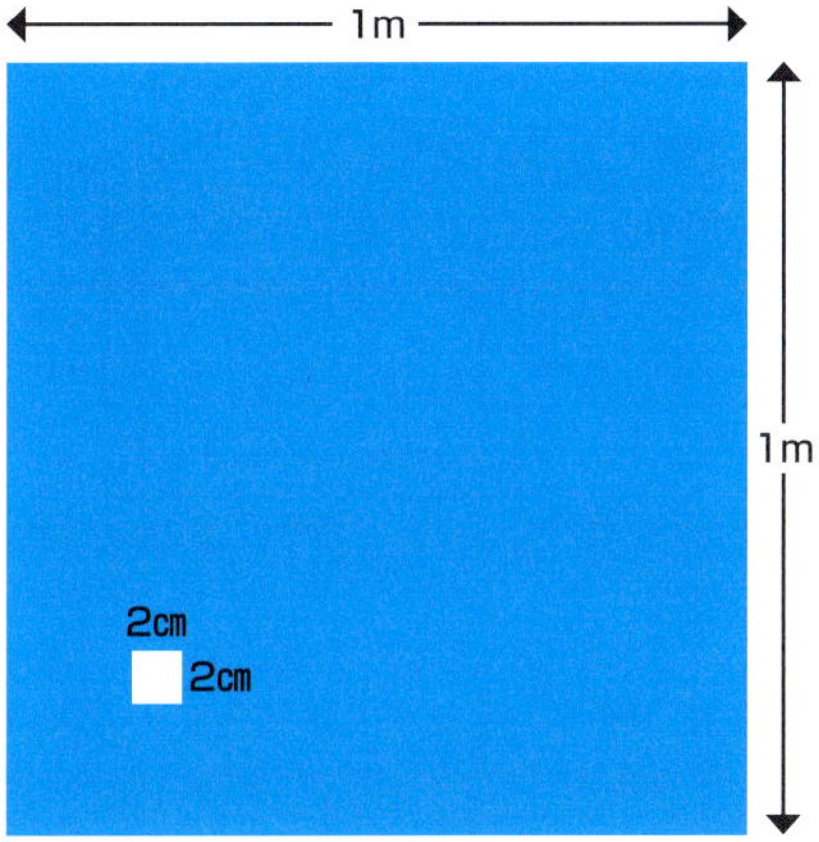

$$\frac{\text{家全体の隙間の合計(cm}^2\text{)}}{\text{延床面積(m}^2\text{)}} = \text{C値}$$

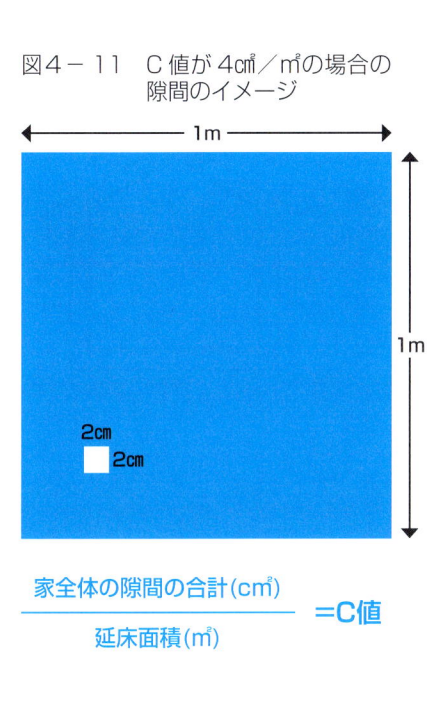

図4－12　Q値とUA値とC値の計算方法のまとめ

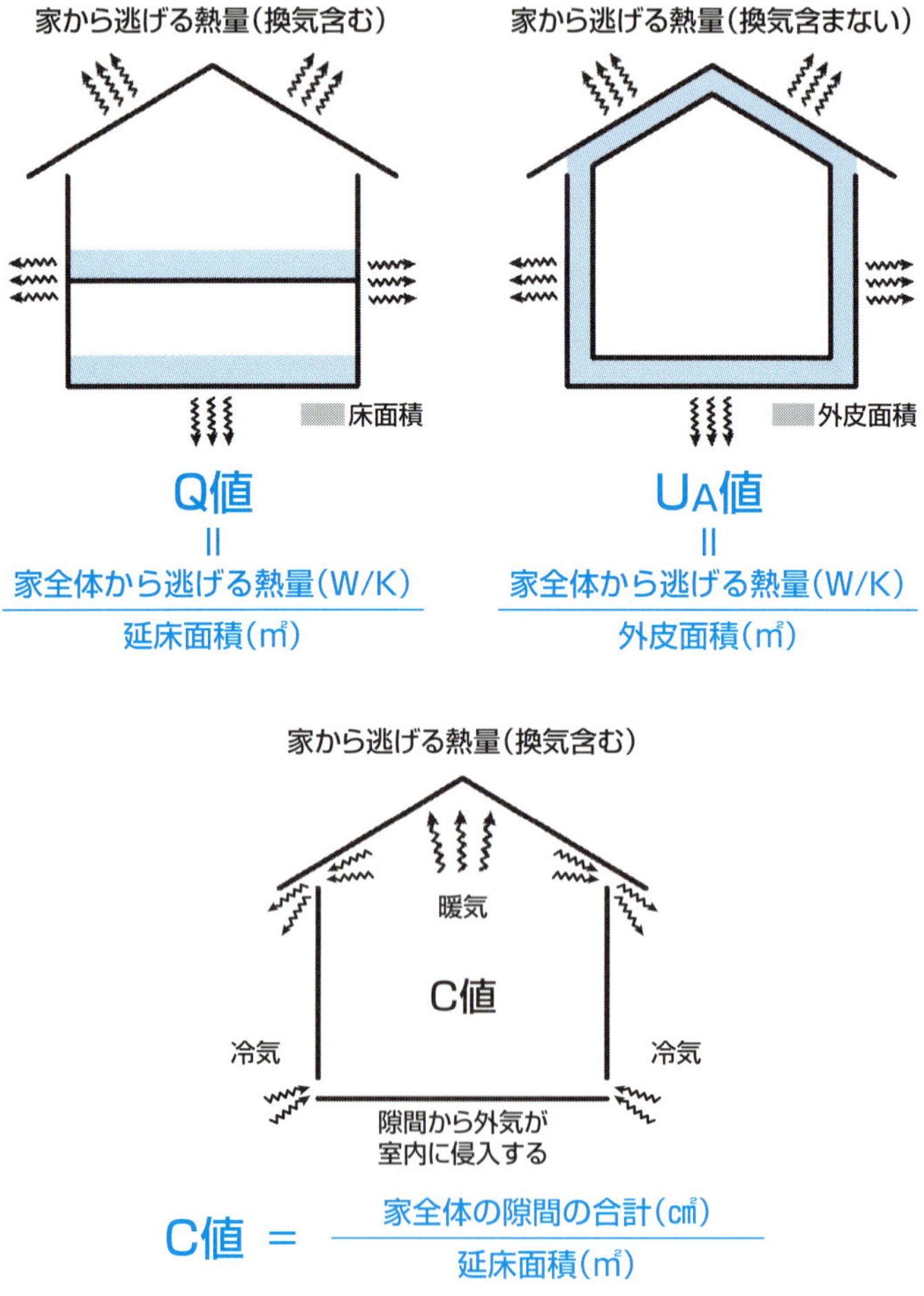

断熱性能と気密性能を高めることは、冬の暖房、夏の冷房で使用するエネルギーを削減できます。さらに、ヒートショックが起こりにくくなり、結露の発生を抑えられます。外皮性能が高まることで、家も住む人も健康でいられるのです。「UA値」「Q値」「C値」の数値を聞いて、丁寧に解説してくれる会社に依頼することをおすすめします。

家庭での省エネで「つかうエネルギー」を減らそう

2013年に改正された省エネ基準では、住宅の断熱性能の基準のほか、「一次エネルギー消費量の評価基準」が定められました。

改正のポイントを一言でいうと、断熱性の基準に加え、「住宅で使う設備のエネルギー消費量」が基準化された点になります。省エネルギー基準が初めて制定された1980年に比べ現代の日本人の暮らしは格段に向上し、家庭部門のエネルギー消費量も2倍以上になっています。
その内訳については、暖冷房のエネルギー消費が最も大きいと思われがちですが、実際は給湯や家電等が大きな割合を占めています。建物を断熱して暖冷房エネルギーを節約するだけでは省エネルギー効果は限定的となるため、家庭で使うエネルギー全般に対して基準値を設けることとなりました。

図4－13
どの用途が一番大きいと思うかという問いに対する回答（6地域）

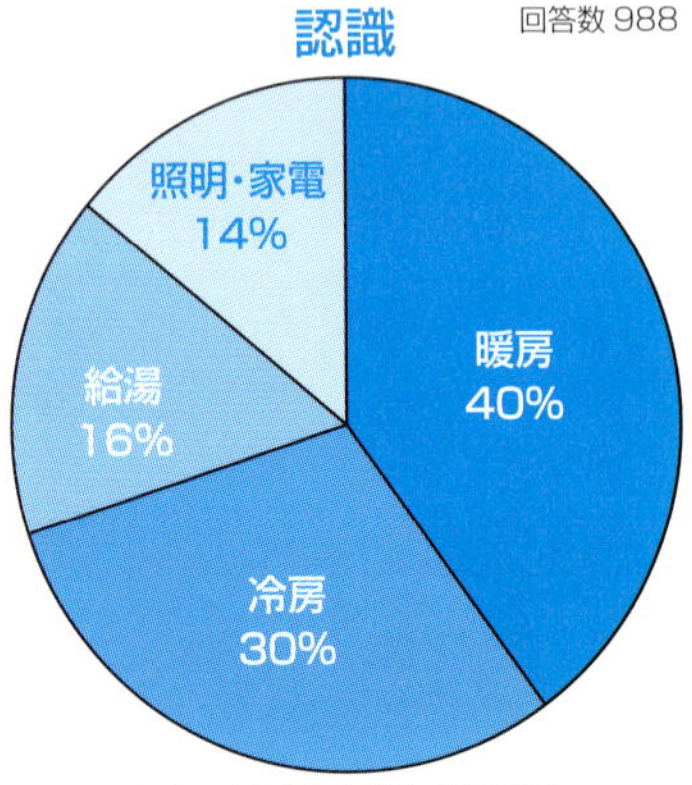

出典：東京理科大学井上隆研究室

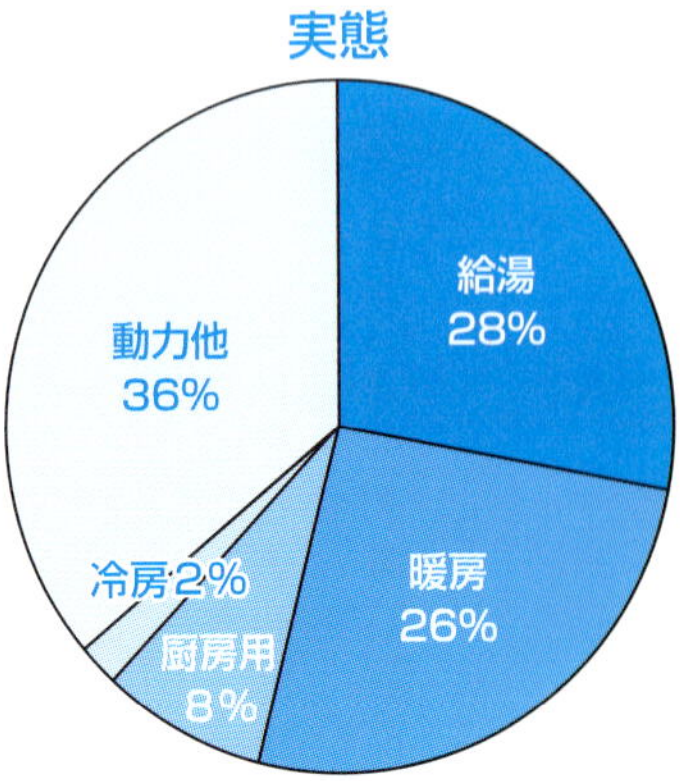

出典：2014年版エネルギー・経済統計要覧（2012年度）

ZEH（ネット・ゼロ・エネルギー・ハウス）

なぜ、こうした基準が設けられたかというと、日本だけでなく世界的に化石燃料の枯渇が懸念されています。化石燃料を使うことで二酸化炭素が発生し、地球温暖化の原因にもなっていることは、皆さんご承知のとおりです。

図４－14　建築手法と設備手法を合わせた省エネ

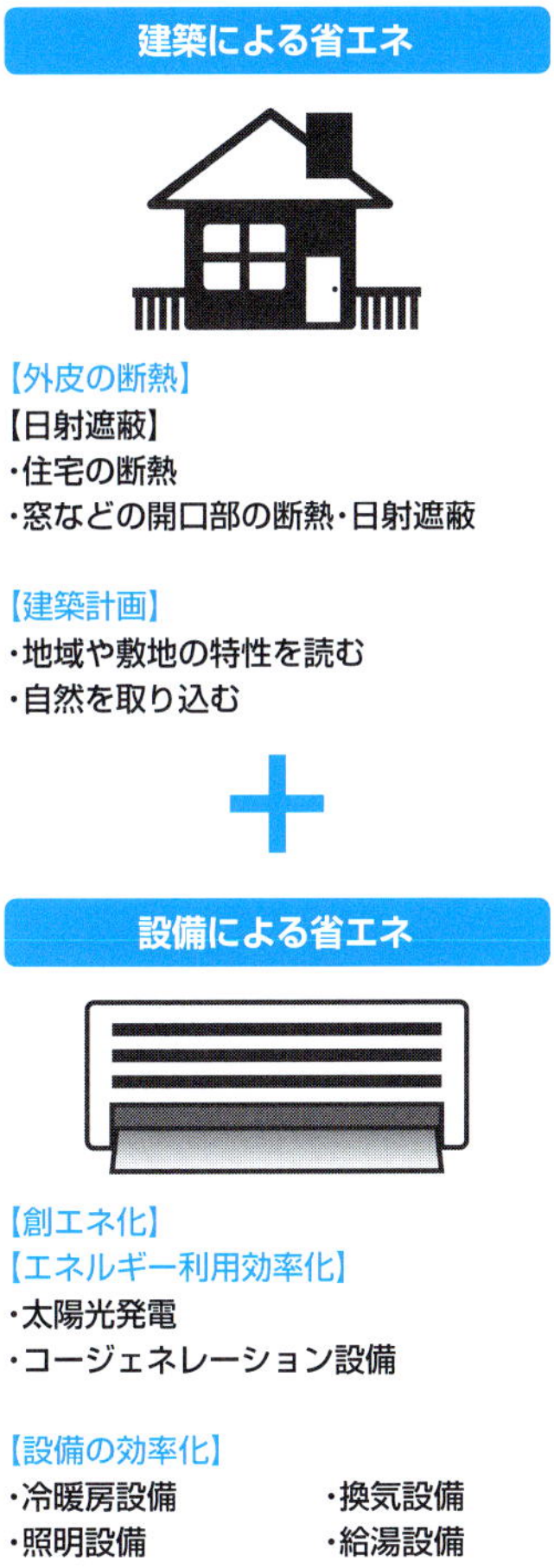

そこで、導入されたのがZEH《ゼッチ》です。ゼロ、エネルギー、ハウスの頭文字を取ってZEHとなっています。

簡単に説明すると、年間で消費する一次エネルギー量と同じ量のエネルギーを生み出す住宅を作ろうというものです。高効率な設備を導入して消費エネルギーを減らしつつ、再生可能エネルギーを導入し、年間の一次エネルギー消費量の収支をゼロにする住宅です。

例えば、年間の一次エネルギー消費量を100だとします。太陽光発電などで発電して、年間で100のエネルギーを生み出せれば、差し引きでゼロとなります。

経済産業省資源エネルギー庁が「2020年までにハウスメーカー等の建築する注文戸建住宅の過半数でZEHを実現すること」を目標とし、普及に向けた取り組みを行っています。ZEHを建てられる建築会社、工務店を

「ＺＥＨビルダー」として認定、またＺＥＨを建築する場合の補助金制度などを実施しています。

図４－１５　ZEH住宅

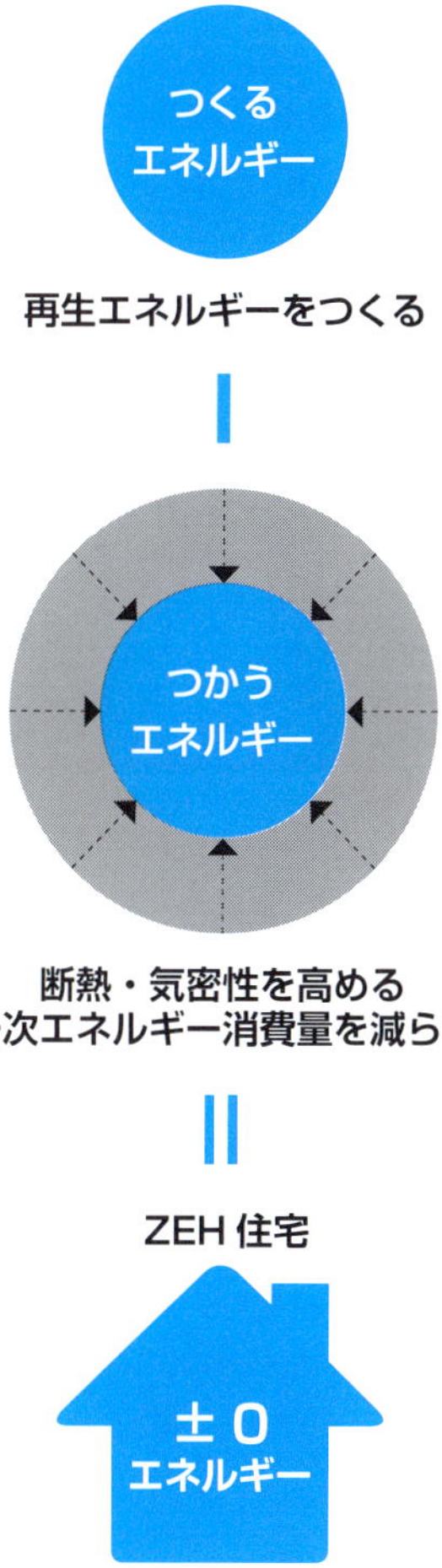

14 忘れてはならない耐震性能基準とは

地震大国、日本の耐震について

家の性能を考える場合に、忘れてはならないもうひとつのモノサシが「耐震性能」です。日本は世界でも有数の地震大国であり、大規模な地震だけでも数年から十数年間隔で日本のどこかで発生しています。

阪神淡路大震災、中越地震、東日本大震災、熊本地震、大阪北部地震、北海道胆振地方の地震など、この20年あまりの間でも、数多くの震災が発生しています。そのため、日本の建築物に対する耐震基準は世界でも厳しいとされています。

日本の耐震基準の始まりは１９２４年、なんと関東大震災発生後に定められたものが最初です。これは改定されながら１９８１年まで使われていました。いわゆる「旧耐震基準」と呼ばれているものです。

それが、１９７８年の宮城県沖地震の影響で１９８１年６月１日以降は「震度６強の地震に耐えられる性能」を持つことが義務付けられました。これが「新基準」であり、改定されながら、現在まで適用されています。旧耐震基準では、ある程度の大きさの地震がきても建物が倒壊しないことを目的とし、「地震による被害が軽くすむこと」が目標とされてきましたが、新耐震基準では、建物が倒壊しないことに加えて、「建物のなかや周辺にいる人に被害が及ばないこと」が目的とされています。さらに、阪神淡路大震災後には、地盤の特性に合わせ

図4－16　耐震基準の変遷

	旧耐震基準 ～1981年	新耐震基準 1981年～	平成12年 新耐震基準 2000年～
壁の量	少ない	多い	
基礎	鉄筋なし	鉄筋あり基礎が義務化	
接合部分	金物なし	筋かい 金物のみ	ホールダウン 金物が追加
建物の 設計	バランスの悪い複雑な設計		バランスの良い 設計

図4－17　2000年以降の基礎に関するルールの主な内容

地盤の長期に生ずる力に対する認容応力度 （基礎を支える地盤の強さ）	旧耐震基準 ～1981年
20kN/m² 未満	杭基礎
20kN/m² 以上 30kN/m² 未満	杭基礎 ベタ基礎
30kN/m² 未満	杭基礎 ベタ基礎 布基礎

た建物基礎の仕様が明記され、実質的に事前の地盤調査が必須となりました。この「平成12年新耐震基準」に適合していることが、現在の最低条件となります。

耐震等級について

2000年にスタートした「住宅性能表示制度」では、様々な性能を分かりやすく表示することが制定されました。その部として、建てられる住宅、販売される住宅の耐震等級を記載しなければなりません。耐震等級とは、住宅の地震に耐え得る性能をランクで示したもので、等級1〜3まで3段階に分けられています。

耐震等級1は、建築基準法で定められたものと同じ強さで、一般的な住宅の耐震性能となります。倒壊について見ると、「極めて稀に発生する地震（数百年に一度程度）に対して倒壊、崩壊しない程度」で、損傷については「稀に（数十年に一度程度）発生する地震による力（建築基準法施行令第88条第2項に

図4－18　耐震等級

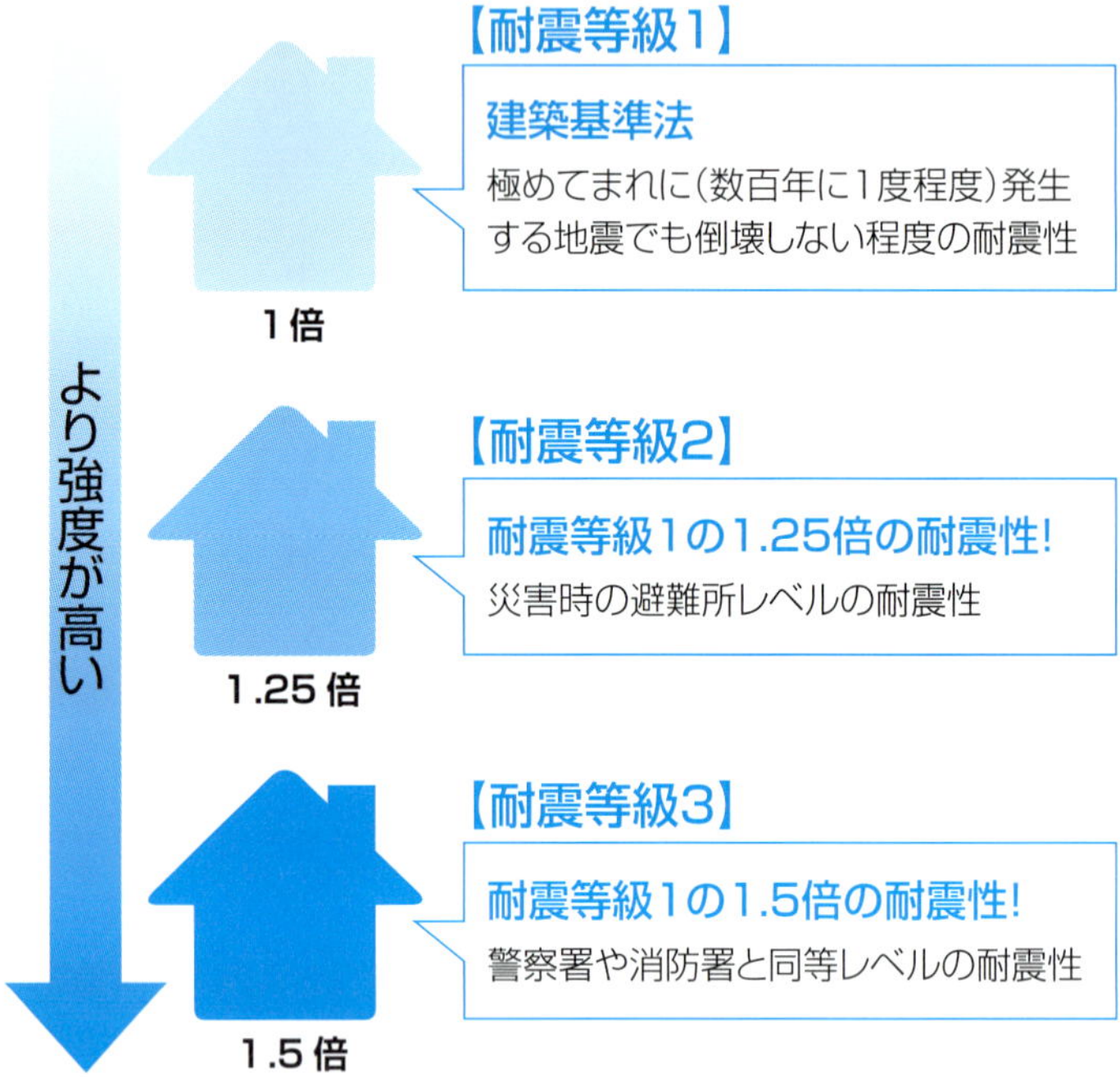
【耐震等級1】
建築基準法
極めてまれに（数百年に1度程度）発生する地震でも倒壊しない程度の耐震性
1倍
【耐震等級2】
耐震等級1の1.25倍の耐震性!
災害時の避難所レベルの耐震性
1.25倍
【耐震等級3】
耐震等級1の1.5倍の耐震性!
警察署や消防署と同等レベルの耐震性
1.5倍
より強度が高い

耐震等級3は建築基準法の 1.5 倍の耐震性

定めるもの）に対して損傷を生じない程度」とされています。耐震等級2は耐震等級1の「1・25倍」の耐震性、耐震等級3は耐震等級1の「1・5倍」の耐震性とされています。

耐震等級に応じたメリット

現在、販売、建てられている住宅では、等級3が最も性能の良い建物です。耐震性に優れた建物ということは、長期に住み続けられる住宅ということになり、経済的なメリットも出てきます。

ここでは、地震保険の割引について説明したいと思います。地震保険の割引制度には、耐震等級に応じた割引があります。耐震等級1が10％、耐震等級2が30％で、耐震等級3になると50％の割引となります。

例えば、5年間で10万円の地震保険料とします。これが50％割引になるの

図4－19　地震保険料の耐震等級割引について

割引の条件		割引率
耐震等級	等級1	10%
	等級2	30%
	等級3	50%

※「住宅の品質確保の促進等に関する法律」に規定する日本住宅性能表示基準に定められた耐震等級（構造躯体の倒壊等防止）または国土交通省の定める「耐震診断による耐震等級（構造躯体の倒壊等防止）の評価指針」に定められた耐震等級を有している場合

で5万円、1年で1万円ということになります。

いずれにしろ、省エネ性能、耐震性能のどちらも「住宅性能表示制度」において、きちんと販売・建築業者が提示しなければならないものとなっています。建てられている住宅であれば、すでに「住宅性能評価書」があり確認できますが、これから家を建てる場合には、耐震等級1以上を満たした住宅を建ててもらわなければなりません。

建築会社、工務店に、これらの基準・数値について質問した際に、きちんと具体的に説明してくれるかどうかは、業者選びのポイントのひとつになるでしょう。

15 環境にも経済的にも優しい長期優良住宅

長期優良住宅の特色

日本の住宅事情で特徴的なことのひとつが、「住宅の寿命の短さ」です。日本の高温多湿な環境、耐久性の低い建材の使用などの理由から長くても30年ほどで建て替えられます。欧米の建築物は日本よりも長く、現役の住宅として活用されているケースは珍しくありません。日本の住宅の寿命の短さを危惧した政府は、良い家を建ててしっかりとメンテナンスをして長く大切に住むことを目的に、「長期優良住宅の普及の促進に関する法律」を2009年に施行しました。
長期優良住宅制度には6つのポイントがあります。詳しく説明していきましょう。

1　耐久性が高く、維持保全しやすい家づくり

長く住むためには家自体の耐久性の高さが求められます。様々な原因から木材が腐ることや、蟻による被害が出ると維持保全が難しくなります。そのため、床下・小屋裏の換気に適した工法を採用し、防腐防蟻対策を行いましょう。

2　設備を更新しやすい家づくり

耐用年数が短い設備機器や配管・配線については、点検口や掃除口を設け、点検・清掃・補修・交換が行いやすいようにしておきましょう。

3　ライフスタイルに対応できる家づくり

家族構成やライフスタイルの変化でリフォームすることなく、間取りを変更できる可変性と、対応できる居住面積を確保しておきましょう。

4　耐震性の高い家づくり

家には、建物自体の重さによる力、地震や風による力がかかります。その力を地面に逃がして安全性を確保するために、耐久壁のバランスよい配置、接合部の強度を高めるといった対策を行いましょう。

5　環境に適した家づくり

環境のためにエネルギー消費を抑えるには、地域の気候や住み方に合わせることが必要です。夏は日を遮って風通しを良くしたり、冬や日を取り入れて断熱に生かしたりすることが求められます。自然エネルギーの活用、高効率設備の設置など、適切に選択しましょう。

6　点検や修繕の履歴を電子データで管理

日常的・計画的なメンテナンスを行うことが家を長持ちさせます。その記録を電子データ化して蓄積させておきましょう。例えば、家の売却を考えたとき、メンテナンスの履歴が適正な価格での買い取り材料になります。

省エネルギー性能、耐震性能はもちろん、家族構成などの変化に対応する可変性やバリアフリー性能、劣化対策や長期間の維持管理、更新の容易性などが求められています。

長期優良住宅として認定されると様々なメリットが享受できます。

図4－18　長期優良住宅の6つのポイント

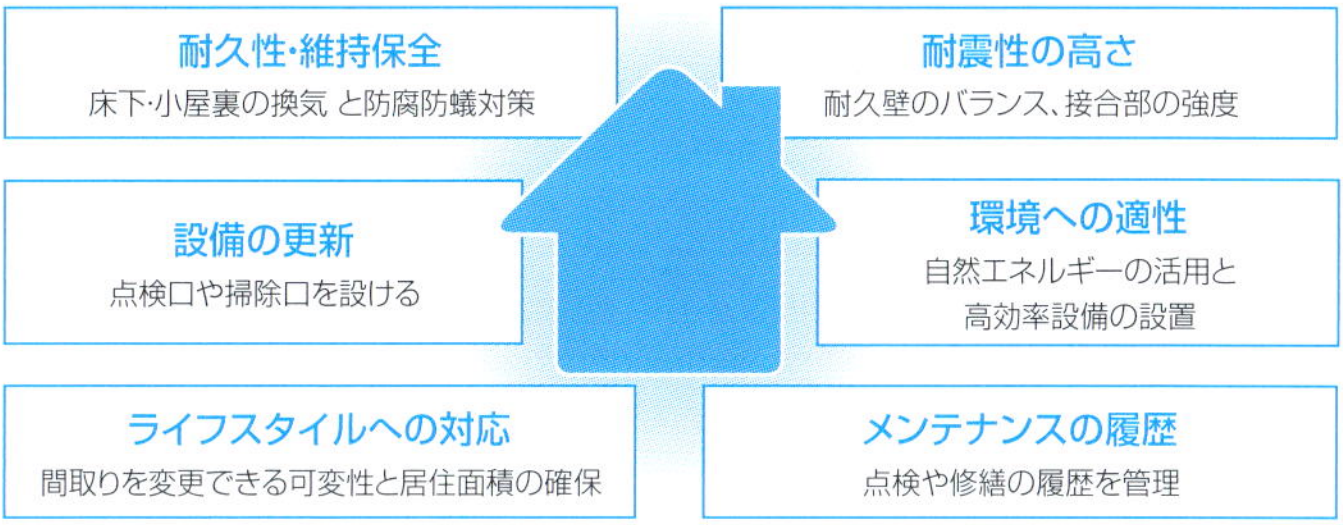

住宅ローン減税は、通常は最大控除額400万円のところ、長期優良住宅では500万円になります。また、登録免許税が引き下げられ、通常は保存登記0・15%、移転登記(戸建て)0・3%のところ、長期優良住宅では保存登記0・1%、移転登記(戸建て)0・2%になります。不動産取得税の控除額は、通常は1200万円のところ、長期優良住宅では1300万円に控除される金額が増えます。さらに、長期優良住宅であれば、「フラット35S」で住宅ローンが組め、通常の「フラット35」よりも当初10年間は0・25%安い金利で借りられます。

家づくりにもエコ視点が重要な理由が分かった！

ヒートショックの怖さが分かった！

結露の怖さが分かった！

どうすれば気密性能が高まるかが分かった！

家の性能をアップさせる基準が分かった！

第4章

ZEH住宅がどんなものか分かった！

家の耐震性能基準が分かった！

どうすれば断熱性能が高まるかが分かった！

長期優良住宅がどんなものかが分かった！

↓

LEVEL UP!

読者は9つのモノサシを手に入れ、
レベルアップした！

第5章

マジックを見破る「モノサシ」

16 「建築費用」だけで家は買えない!?

いきなりですが、「本当の家の値段は?」と聞かれて、答えられる方はいますでしょうか。「建物の建築費用」では? とお答えになる方が多いと思います。ところが、「建物の建築費用」と「家を買うのに必要な金額」はイコールではないのです。そう聞いて驚かれる方も多いのではないでしょうか。

例えば、予算が4000万円として、土地の購入に1200万円かかりました。建物にかけられる費用は2800万円でしょうか? 答えは次ページの図5-2に書いてあります。

図5－1　建物にかけられる値段は？

総額 4000万円	土地	1200万円
	建物	**2800万円？**

予算の総額が4000万円とします。
土地が1200万円だった場合、
建物にかけられる費用は「2800万円」？

土地と建物だけでは家は造れない

本当の家の値段は、土地代と建物の建築費用のほかに、付帯工事費、さらに諸経費といったものがかかります。これらの費用はハウスメーカーでも、工務店でも、どこで家を造ったとしてもかかる費用です。

例えば、付帯工事費には解体工事、地盤工事、外構工事などのほか、インフラにかかわる上下水道・ガス・電気・電話工事などが含まれています。諸経費のなかには、火災保険や地震保険といった各種保険料のほか、細かいところでいうと印紙代、引っ越し代、地鎮祭や上棟式の費用、土地・建物の登録費用が含まれています。付帯工事費は建築費用の15～20％、諸経費は総額の5～10％ほどの割合と言われています。

こういったお金のことはきちんとシビアに考えていかないといけません。土

図５−２　実際に建物にかけられる値段 ※１

<table>
<tr><td rowspan="4">総額
4000 万円</td><td>土地</td><td colspan="2">1200 万円</td></tr>
<tr><td rowspan="3">建物</td><td>建築費用
（本体価格）</td><td>**2100 万円**</td></tr>
<tr><td>付帯
工事費
※２</td><td>400 万円</td></tr>
<tr><td>諸経費
各種税金</td><td>300 万円</td></tr>
</table>

付帯工事費に 400 万円、諸経費に 300 万円
かかることが見込まれます。
実際に建物にかけられる費用は「2100 万円」

※１ 考え方を理解してもらいやすくするために概算の数字を入れています。
※２ 給排水工事、水道工事など、土地の条件によって大きく変動します。

地と建物だけでは家は造れません、ということなのです。

住んでからかかる費用

本当の家の値段は、大きく分けて2つに分けられます。1つ目が、「購入るときにかかる費用」です。これは当たり前ですね。みなさんのイメージしている「家の値段」が、これだと思います。しかし、手に入れたら終わりですか？　実際に住んで初めて「家」になるのです。2つ目は、「実際に住んでからかかる費用」です。ここまで見据えて、初めて「家の値段」となります。

例えば、何十年か先に行うであろう「メンテナンス費用」だったり、住宅ローンを組んでいればその「利息」であったり、住んでいく上で欠かせない「光熱費」であったりもそうです。全て合わせると、決して安い金額ではありません。

実際にいくらくらいかかるものなのか、メンテナンス費用について見ていきましょう。

メンテナンスは、今の家に長く安心して暮らすために行うものです。住宅の大きさ、立地、使用されている部材によって異なりますが、おおよそ5年後には外部建具の点検・補修、内装・内部建具の点検・補修、給水・給湯管の点検・補修、排水管の洗浄などで15〜20万円ほどかかってきます。その後は、10年後、20年後、30年後といったタームで、様々なメンテナンスが発生してきます。メンテナンスのスケジュールは図5-3を参照してください。

実際に住んでからかかる費用として、メンテナンス費のことを考慮して準備される人は少ないです。10〜15年で外壁の塗り替えが必要で、30年後には、外壁・屋根、内装・建具、設備などが劣化します。すべてメンテナンスすると300万円以上の費用がかかることがあります。あらかじめ、メンテナンス費として月1・5万円〜2万円ほど積み立てておくことをおすすめします。

図5－3　メンテナンスカレンダー

		屋根	外壁	バルコニー	外部建具	室内	住宅設備
	防蟻処理	粘土瓦 スレート瓦 鋼板屋根 シート防水 ステンレス 化粧カバー・ 軒天など	塗装 タイル 目地 など	防水層	玄関・ 勝手口ドア サッシ 網戸 シャッター	内装材 内部建具	給水・ 給湯管 排水管 床暖房 太陽光発電
5年後	処理						
10年後	処理				点検、補修 洗浄、交換 清掃	点検、補修 洗浄、交換 清掃	点検、補修 洗浄、交換 清掃
15年後	処理	塗装、洗浄 など	塗装、洗浄 打ち替え など	増貼り			
20年後	処理				点検、補修 洗浄、交換 清掃	点検、補修 洗浄、交換 清掃	点検、補修 洗浄、交換 清掃
25年後	処理						
30年後	処理	塗装、洗浄 葺き替え など	塗装、洗浄 葺き替え など	貼り替え	点検 本体交換 など	補修 本体交換 など	本体交換 洗浄 など
35年後	処理						
40年後	処理				点検、補修 洗浄、交換 清掃	点検、補修 洗浄、交換 清掃	点検、補修 洗浄、交換 清掃
45年後	処理	塗装、洗浄 など	塗装、洗浄 打ち替え など	増貼り			
50年後	処理				点検、補修 洗浄、交換 清掃	点検、補修 洗浄、交換 清掃	点検、補修 洗浄、交換 清掃
55年後	処理						

例えば、30年後のメンテナンス費を例に挙げてみましょう。屋根の葺き替えに120～150万円、外壁の塗装に80～120万円、防水層の張り替えに40～50万円近くかかり、これだけで300万円以上はかかる計算になります。そのほかに内装の交換や住宅設備の交換などをすると、もっと費用がかかることになります。

図5－4　「本当の家の値段」イメージ図

家を建てるときにかかる費用（※）

総額 4000万円	土地	1200万円	
	建物	建築費用（本体価格）	2100万円
		付帯工事費	400万円
		諸経費 各種税金	300万円

住んでからかかる費用（※）

各種税金	不動産取得税	15万円
	固定資産税（月々1万2500円）	15万円/年
住宅ローンの利息（月々1万2500円）		15万円/年
メンテナンス費（月々1万2500円）		15万円/年
光熱費（月々1万6666円）		20万円/年
30年間		**1965万円**

※ 考え方を理解してもらいやすくするために概算の数字を入れています

17

これが「本体価格」のマジック

坪単価って何?!

実際に見たことがある方も多いと思いますが、家づくりの広告に「坪単価●●万円!」「本体価格●●●万円!」というのをよく見かけます。営業トークなどでも、「うちは坪単価、安いですよ」といううたい文句を切り出す人がいます。本当にそうなのでしょうか?

そもそも坪単価とは、1坪当たりの建築費のことです。本体価格を「延床面積」で割ることで出すことができます。例えば、２０００万円の本体価格で、建物の延床面積が20坪ならば、坪単価は１００万円です。分かりやすい例で計算しましたが、坪単価１００万円というのはかなり高い部類に入ります。しかし､坪単価だけで高いか安いかを判断することはおすすめできません。なぜならは、前述した通り、土地と建物の価格だけで家は作れないからです。ひとつの指標にはなりますが、それだけで判断に足る基準とは言えません。

チラシのトリックにご注意！

営業のうたい文句ばかりに気を取られていると危険です。「本体価格９００万円、坪単価26・４万円」と書かれたチラシをよく見てみると、それがないと暮らしていけないといったものまでオプションにされていたり、必要経費という項目があるのに、さらに諸経費があったり、地域対応費用など、素人にはよく分からない項目まであったりします。それらを足していくと、結局、合計で2000万円を超えていた、なんてことが実際にあるのです。

本体価格は、表面上に見えている金額です。見えている部分だけであれば安いかもしれませんが、総額でいくらかかるのかをしっかりと明確にしなければならないのです。それを知らずに契約してしまい、工事を進めていく段階で「これ、オプションです」「これもオプションです」となってしまったら大変ですよね。それを事前に話さずに、ごまかすような対応をする会社は要注意です。900万円だと思っていたのに、建ててみたら結局2000万円でした、なんてことは避けなければなりません。

本体価格に惑わされないこと。あくまでも、「本体価格」なのです。もともとの価格を低く見せて追加・オプションを増やし、標準的な価格まで釣り上げていくトリックには引っかからないようにしましょう。

図５－５　ローコストビルダーのチラシ例

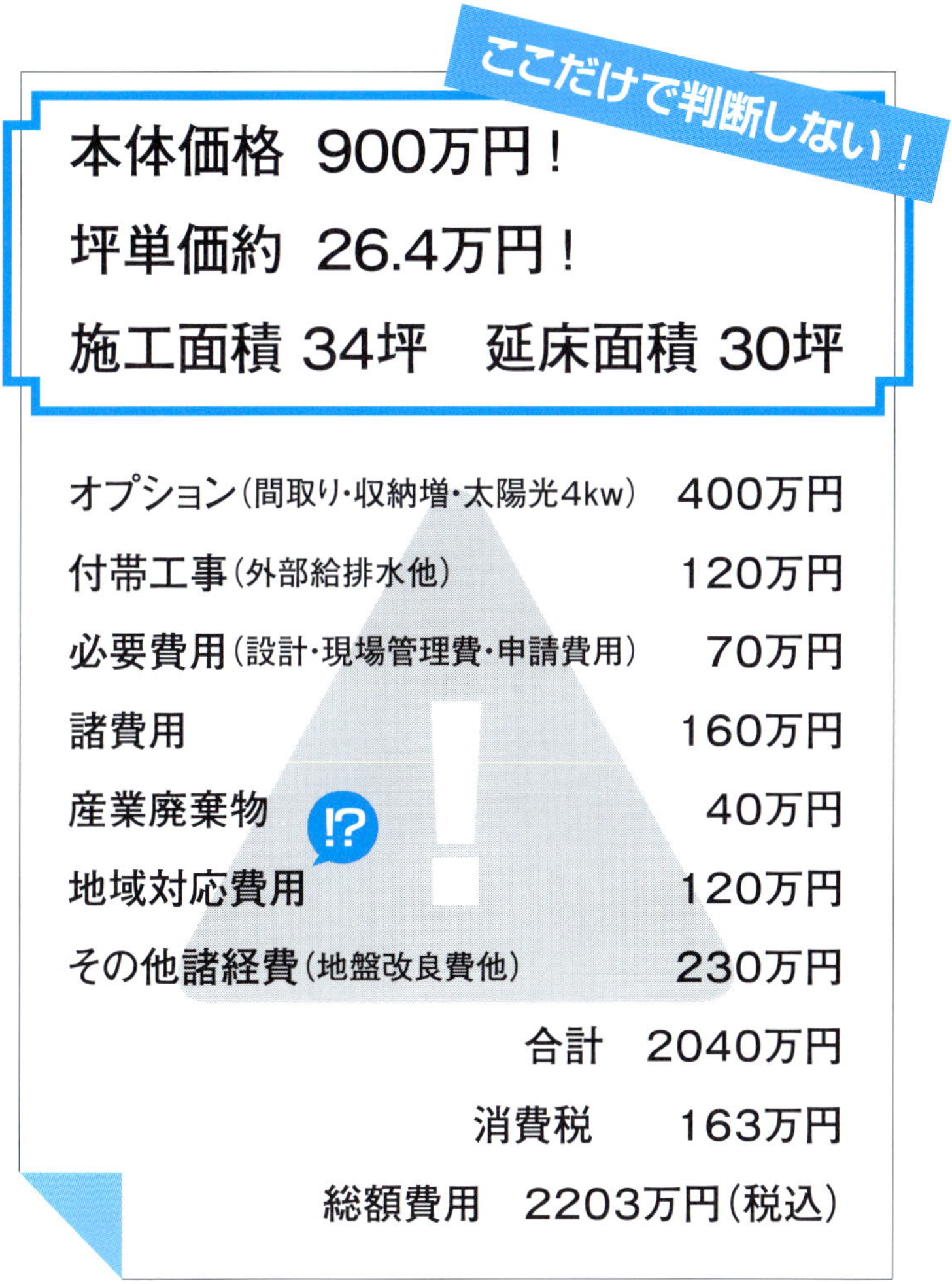

「追加」「オプション」はないのがベスト

「それはオプションです」「これを追加すると●●円かかります」。このように言われると、皆さんはどう感じますか？　「余計にお金がかかってしまうな……」と、いい気持ちにはならないでしょう。

例えば、標準的な仕様の家に決めてから希望を取り入れていく段階で追加が発生するケースと、最初に希望を聞いてもらって「これだけかかります」と総額を教えてもらうケースと、どちらが嬉しいですか？　後者のほうが嬉しいと答える人は多いのではないでしょうか。よい会社は本体価格・付帯工事費・諸経費・各種税金といった購入時にかかるお金をきちんと事前に教えてくれます。

確かに、オプションを加えたことでさらに良くなったという話も聞きます。何となく、追加したことで、より良くなったと錯覚してしまっている面もあるので

図５－６　オプションを含めた総額を最初に提示させる

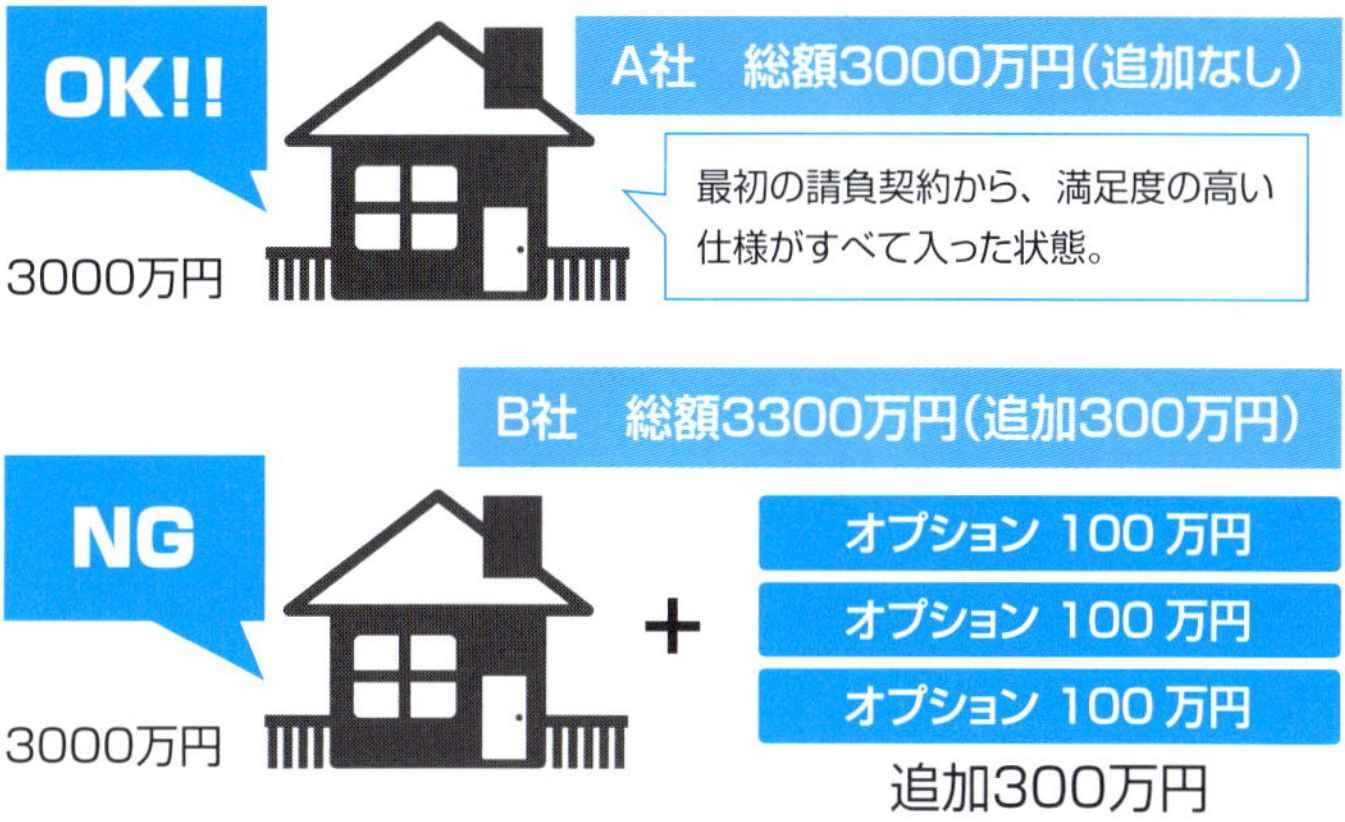

予算3000万円だったのに……
後から追加で300万円と言うB社より、最初の契約で最後まで進めるA社が良い会社

はないでしょうか。しかし、本来はそれが事前に含まれていたほうがよいはずです。追加やオプションでの費用増がないことがベストなのです。お客様の口から、「追加が出た」という言葉を出させないために、契約時にすべてを決めてしまうこと。請負契約後に追加でオプションが発生するよりも、最初の請負契約で結んだ金額で望むものを盛り込んで建ててくれる会社がベストです。

追加を出させない「魔法の言葉」

では、どうやって追加が出ないようにすればよいのでしょうか。3章の土地選びの「モノサシ」でも書きましたが、まずはどんな生活を送りたいのか、理想の暮らしを建築士さんにお話ししておくことです。これをしないと追加が出てきてしまっても仕方ないでしょう。何が必要なのかを知らせることは、大前提です。

ただ、家づくりの知識がない場合、まったく追加が出ないということも難しいかもしれません。そこで、家づくりの知識に乏しいとしても、想定外の追加を減らす方法があります。それが追加を出させない「魔法の言葉」です。前述したように、「追加」はどちらかというとネガティブな言葉ですよね。そういったことは先に聞いてしまいましょう。

「平均で、追加費用は御社ではどのぐらいかかるんですか？」

と。思い切って、「この金額で本当に家が建てられるんですか？」くらい聞いてしまってもいいかもしれません。

金額の話を切り出すのは嫌だという人もいると思いますが、嫌なことは先に言ってしまう勇気が必要です。そこまでしたのに金額についてお茶を濁す会社はやめたほうがいいと思います。大方の建築士は、「平均で●●円くらいですかね」と話してくれるはずです。その金額が50万円とか、100万円くらいであれば常識の範囲内です。もし仮に、「平均で400万円くらいかかります」と言ってくる建築士がいたら、そもそもの建築士選びから見直すべきだと思います。

図５－７　嫌なことは最初に聞いてしまう

平均で、追加費用は御社ではどのくらいかかるんですか？
だいたい、70万円くらいですかね。

建築費用だけで家が
買えない理由が分かった！

建築費用以外に、
どんな費用が
必要かが分かった！

追加やオプションが
発生しない魔法の
言葉が分かった！

第5章

チラシによくある
低価格の
謎が分かった！

↓

LEVEL UP!

読者は4つのモノサシを手に入れ、
レベルアップした！

第6章

住宅ローンの「モノサシ」

18

住宅ローンで大事なのは、頭金ではなく「金利」

家を買おう、建てようというとき、全額キャッシュで払いますという人は、極めて少数派で、ほとんどの人は住宅ローンを組みます。つまり、家づくりと住宅ローンは切っても切れない関係にあります。にもかかわらず、分けて考える人が多いのは問題です。家を建てるときには、家づくりにかかる金額がいくらになるかをとても気にします。ところが、ローンの組み方ひとつで、数百万円も総支払額が変わってくることを知らない人が多いのです。

頭金ゼロは悪ではない

そのポイントのひとつが「頭金」です。誰もが、「ローン＝借金」なので、借入額を減らしたいと考えます。もうこれは心理的にそうなっていて、「頭金なしでローンを組む」というのは悪いことだという意識さえあります。最近でこそ、「頭金ゼロでもOK」と書かれた不動産のチラシも増えてきましたが、まだまだその意識は根強いと思います。銀行なども「頭金をどれだけ用意しているか」が審査の要素にもなっていて、「この人はどれだけ貯金ができる人なのか」＝「長い間、払い続けられるか」という指標にもなっているのです。

しかし、これには落とし穴があります。ローン残高を減らすメリットは「高金利の時代にこそ有効」だということです。これから具体的な数値で説明しますので、167頁の図6-1を見ながら読み進めてください。仮に、今

3000万円で土地と建物を購入するとします。例えば、固定金利1％で35年ローンを組むと月額の支払いは8万4685円になります。ローン完済時の総支払額は3557万円。金利で557万円負担していることになります。これが仮に金利2％であれば総支払額は4174万円、3％であれば4849万円です。過去には住宅ローン金利が8・4％だったこともありました。そうなると総支払額は9318万円にもなります。金利が1％違うだけで、総支払額が600万円以上変わってくるわけです（図6－1参照、全て固定金利で算出。端数は四捨五入）。

お伝えしたいことは「今、百年に一度の低金利時代だ」ということです。金利が高いときには、ローン残高は少しでも少ないほうがいい。残高×利率で支払総額が変わってくるので、残高を少なくしなければなりません。しかし、低金利時代は、その影響が小さい。いま、仮に1％の金利だとして、これが

図6－1　金利による返済額の比較表

借入額 3,000 万円・35 年返済固定金利・元利均等方式の場合という条件で算出

金利	総返済額	月々の返済額	利息合計
1%	3,557 万円※	8 万 4,685 円	557 万円※
2%	4,174 万円※	9 万 9,378 円	1,174 万円※
3%	4,849 万円※	11 万 5,455 円	1,849 万円※
8.40%	9,318 万円※	22 万 1,848 円	6,318 万円※

⬇＋617 万円
⬇＋675 万円

※千の位は四捨五入

2％に上がると総支払額で617万円の差が出ます。家を買おうというときに、「今、頭金がないので、3年で貯めてきます」と言って、3年でいくら貯められるでしょう？　せいぜい数百万、300万円は貯まらないかもしれません。もし、3年後に金利が1％上がってしまったら、貯めた300万円よりも金利上昇による返済額のほうが高くなってしまう可能性があります。だからこそ、低金利が続いている今こそ、頭金を貯めるよりも早く住宅ローンを借り入れしたほうが賢い選択とも言えるのです。

19 現状だけで「資金計画」しても意味がない！

住宅ローンで破綻!?

家は一生で買うもののなかでも、一番高い買い物だと言われています。だからこそ、ローンで買うことになるのですが、そこで言われるのが「資金計画」です。せっかく家を買うのですから、資金計画で失敗したくはありません。でも実は、失敗しているケースも珍しくないのです。

住宅ローン破綻の件数を明確にしている統計はありませんが、住宅金融支援機構の広報誌である「季報『住宅金融』2012年度冬号」に掲載された「家計から見た日本の住宅ローン市場の状況」によれば、3ヵ月以上の返済遅延があるのは9万8694世帯となっています。これは住宅金融公庫での借り入れだけではなく、全金融機関の借り入れを対象にした件数。3ヵ月以上の延滞となると、破綻しているか破綻寸前だと考えて問題ないでしょう。これが約10万世帯弱もあるということです。

資金計画だけでは不十分!?

これらの数値から推定すると、住宅ローンが破綻する確率は1%弱だといえそうです。100人に1人が多いか少ないか、それは人によって受ける印象は違うでしょう。しかし、私はこれが少ないとは思えません。ローンを組むときには、不動産会社や銀行などが緻密に「資金計画」を作成して、審査を通っているのです。なのに、1%もの破綻があるのはおかしいと思いませんか？　その原因は、「資金計画」が「**そのときの状況で返済ができるかどうか**」を見ているから。住宅ローン借り入れ時の収入と返済期間と月々の返済金額だけで「資金計画」だと言っているからなのです。

バブル期に不動産を買った人のなかには、バブル崩壊後、ローン破綻に陥った人が多く出ました。給料が上がり続けるという前提で、高金利でローンを組んだために、給料が上がらなくなった瞬間、あるいはボーナスが想定より少なかっただけで、一気に破綻に突き進んでしまったのです。一時は、月々の支払額を少なく見せるためにボーナス時の支払額を大きく設定してローンを組ませるケースもあり、これもローン破綻の原因となりました。購入時の年収を基準にしていくらの家が買えるか、年収の何割までが返済額だといった資金計画は、将来の姿をイメージしていないので、危険が伴います。

必ずライフプランシミュレーションを

大事なのは資金計画ではなく「ライフプラン」です。これからの、未来の人生をシミュレーションするのです。資金計画が「家を買うための、家を買うときの計画」だとすると、「ライフプラン」は、ローン返済期間、例えば35年間の人生をシミュレーションします。

新婚2年目で子どもがいない夫婦が家を買おうとしたとき、子どもが何人生まれて、公立の学校に行くのか私立に行くのか、大学まで行くとして理系か文系か。男の子か女の子かで、成人式の着物でいくらかかるかとか、自動車はどれくらいのペースで買い換えるのかとか、とにかく、かかるお金がさまざまなパターンで想定できます。これを全て織り込んで考えていきます。

35年あれば、子どもは育って独り立ちしてしまう年数です。30歳で家を買った人は65歳になっています。その間、その人がどんな人生を送るのか、なにがあるか分からないとはいえ、シミュレーションしなければなりません。

これが、資金計画だとそこまで織り込まない。子どもの人数など、銀行は聞きません。そうではなく、ファイナンシャルプランナーのように、人生とお金の動きを考えていくと、家づくりの近道が見えてきます。いつ、どんな家をいくらで買うべきなのかというのが見えてくるのです。

今の収入から「いくらの家が買えるか」という資金計画ではなくて、どんな人生を歩むつもりだから、どんな生活スタイルだから、いくらで家を買うか、何が最適かを導き出すわけです。子どもが生まれる年を想定すれば、進学の時期が分かるので、進学費用がいつ、どれくらい必要か試算できます。

ライフプランシミュレーションをしない会社はアウト

これから給料が上がっていくんだと言っても、15年後に進学費用や塾の費用が大きく膨らんで、収入が増えた分を食ってしまうかもしれません。すると、収入増を当て込んだローン計画はそこで破綻してしまうのです。しかし、ライフプランだと想定しうる出費を見込んでいるので、まだ子どもが小さくて教育費が大きくない時期に貯金しておきましょうという話ができます。私のところで家を建てたいという方には、必ずライフプランシミュレーションをやっていただいています。幸せになるために家づくりをしていただくわけですから、安心できる返済計画がないかぎり、家を建てていただくわけにはいかないのです。

もし、依頼先がライフプランシミュレーションをやらなかったら「アウト」です。依頼先を変更するべきです。

年収1000万円が一番、注意!

実は、一番注意が必要なのが、年収1000万円を超えている人です。一見すると収入が高そうですが、税金が最も高くなる層なのです。年収1000万円で、実際の手取りは780~800万円くらいでしょう。年収が高い分、出費も多いという面があります。

年収1000万円超のほとんどの方は、ある程度収入があることからライフプランシミュレーションをやらずに、良い家を建ててしまうケースが少なくありません。将来のことを何も考えずに、子どもが生まれる前に家を建ててしまったり、子どもを私立の幼稚園に入れてしまったりします。高収入が定年まで続くという保証はどこにもないのに……税金が一番危険です。

意外な出費、急な出費がどれくらいあり得るのか、だいたいいつごろ発生するものなのか、年収1000万円超の人ほど、ライフプランシミュレーションをやっておくべきなのです。

20 60歳の預金残高はいくらか？

60代の平均貯蓄額がどれくらいか知っていますか？

ライフプランを考えるときに大切なことは、ゴールをどこに置くかということです。ひとつの目安となるのが、60歳、あるいはローンの返済が終わるころに「いくら預金残高があるか」になります。30歳でローンを組んだとして、35年ローンの返済が終わるのが65歳ですから、その5年前である60歳をひとつのポイントにすると分かりやすいと考えています。

今、「人生100年時代」と言われています。60代ともなれば大体の方は子育てが終わっていると思います。子どもは家を出ているか、同居していたとしても就職して自立しているのではないでしょうか。そうなれば、自分のことを優先できる年齢であり、働きながら第二の人生を謳歌するタイミングでもあります。その60代ですが、厚生労働白書によると、平均貯蓄額は2200万円となっています(図6-3参照)。

一方、どのくらいの貯蓄があれば、老後の生活が安心して送れるのか。これは試算してみるしかありません。厚生労働省の家計調査(2018年度)

によると、世帯主が60歳以上で無職の世帯の支出は、食費や住居費、光熱費などの生活に欠かせない支出（消費支出）で約26・5万円、税金や社会保険などの支出が約3万円となり、最低でも毎月30万円前後が必要になります。しかもこれは最低限度の金額です。

一方の収入は、公的年金を含めて20～25万円前後で、この調査では平均して6万円前後の赤字になっています。これが60歳から90歳までの30年間と仮定すると、6万円×12カ月×30年で、2160万円になります。少し余裕を見て、また昨今、定年が65歳まで伸びていることも考えて、65歳のときに2500万円程度の貯金があることは、最低限の目標と言えるでしょう。

ここで、さきほどの厚生労働白書の「60代の平均貯蓄額が2200万円」という数字に戻ってみると、多くの世帯が、ぎりぎりとは言え、老後を過ごせる貯蓄があると見ることもできます。しかし、これはあくまでも平均値

図6－3　世帯主の年齢世代別貯蓄額（二人以上の世帯）

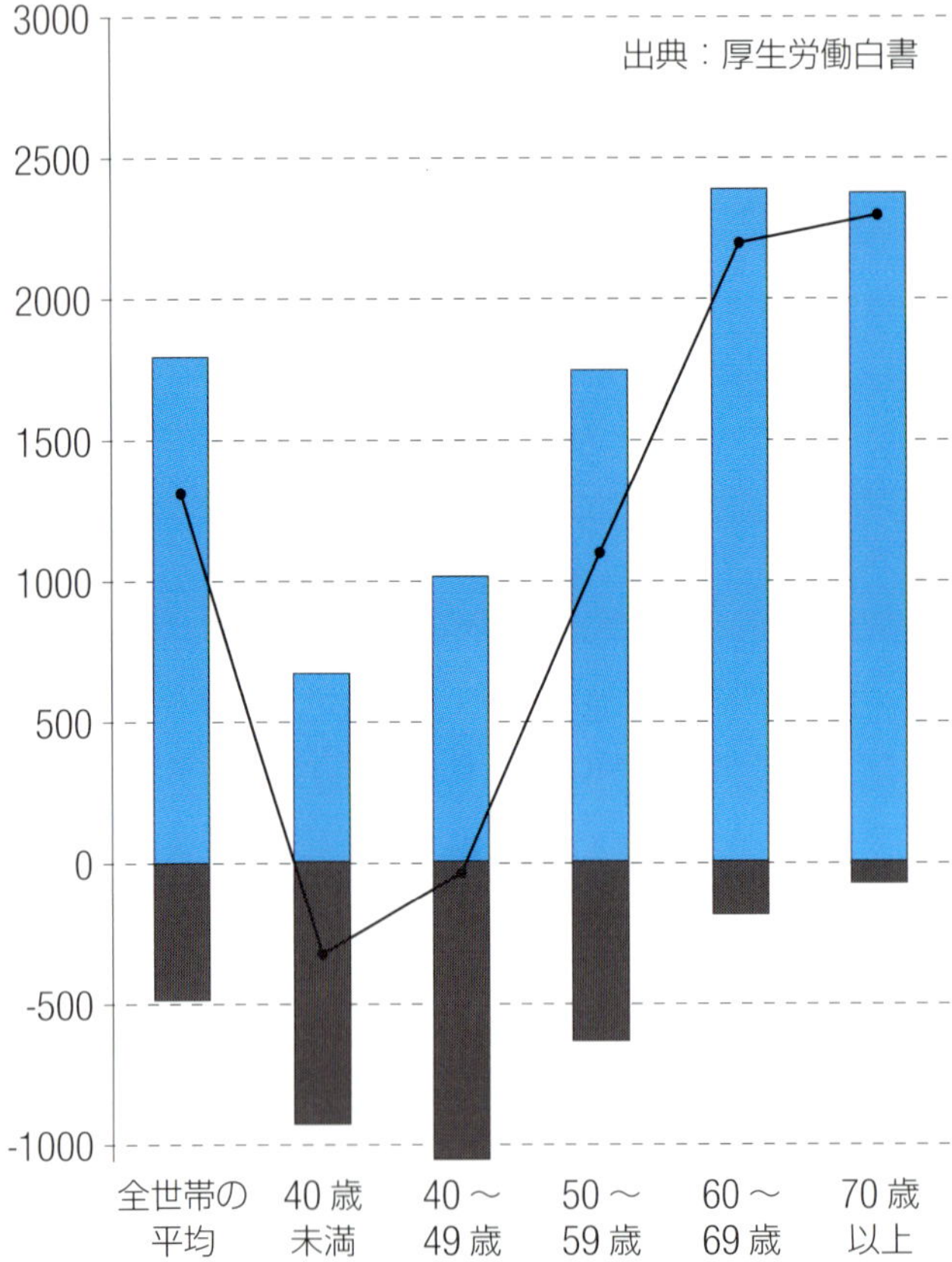

	全世帯の平均	40歳未満	40～49歳	50～59歳	60～69歳	70歳以上
■負債額	-499	-942	-1068	-645	-196	-83
■貯蓄額	1805	608	1024	1751	2402	2389
●純貯蓄額	1306	-334	-44	1106	2206	2306

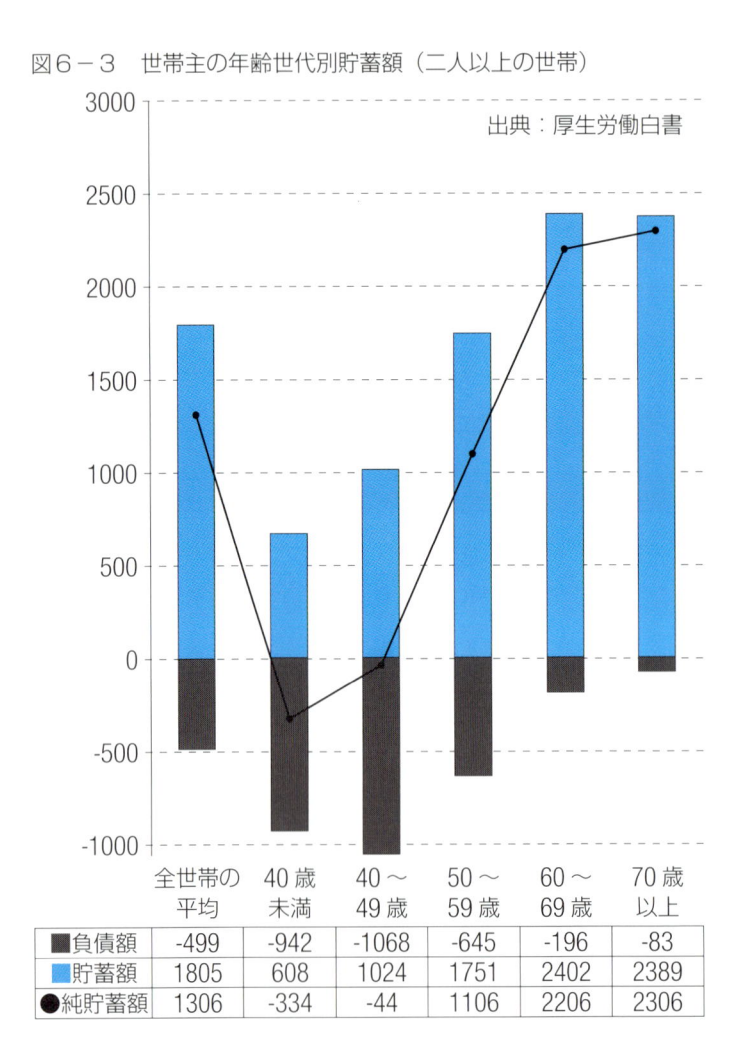

です。

厚生労働白書のデータをもとに、貯蓄額ごとの分布を見てみると、2500万円以上の貯蓄がある世帯は、約3分の1に過ぎません。残りの3分の2は目標額に足りていないのです。しかも、500万円未満の貯蓄しかない世帯が、5分の1を占める結果になっています（図6‐4参照）。

家を建てたことで不幸になるのでは意味がない

こういったことを踏まえると、資金計画ではなく「ライフプラン」を考えなければならないということがお分かりいただけたかと思います。これができない人は、家を建てないほうがよいかもしれません。なぜなら、家を建てたとしても、将来、不幸になってしまう可能性があるからです。

せっかく60歳過ぎまでローンを組んで建てた家なのに、将来を見据えなかっ

図6－4　60 歳以上の世帯主の貯蓄額

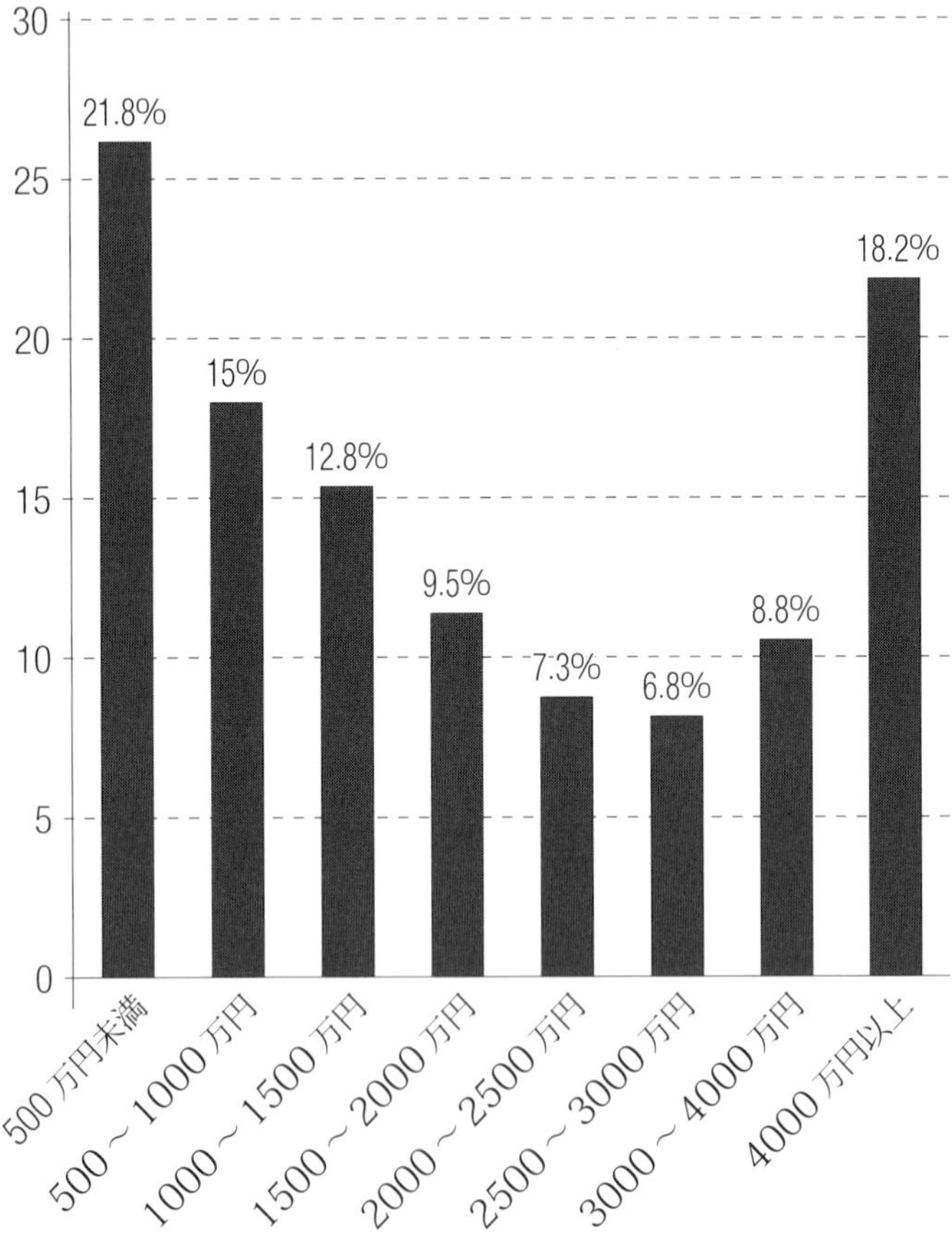

厚生労働白書 平成 28 年 10 月版のデータをもとに、再分類

たばかりにローン破綻し、その家を手放すことになっては意味がありません。家を失う上に、ローン残債が残る可能性もあります。それくらいなら、ずっと賃貸住まいを想定してライフプランを立て直したほうがよい場合もあります。家を建ててローンは返し終わったけれど貯蓄がなく、老後の生活がおぼつかないというケースもあるでしょう。では、その家を売ろうと思っても30年以上前の家です。建物にはほとんど値段はつきません。家はあれども、生活がおぼつかないのでは、何のために長い間ローンを払ってきたのか、分かりません。

家づくりは人生を考えることから始まる

私の考えでは、幸せになるために家を建てるのです。家を建てることで、喜んでいただいて、幸せになっていただくことが喜びなのです。家を建てました、売りましたで終わるビジネスは考えていません。長い間、幸せに暮らしていただくために、さまざまなモノサシで家のことを考え尽くし、その人にとっていい家とは何かを考え、住み心地がいい家、健康に暮らせる家を建てたいと考えています。それはすべて、幸せな暮らしのためなのです。だから、家づくりだけではなく、人生そのもの、「ライフプランシミュレーション」が大事なのです。それがない状態では、「お客様に最適の家は、これです」という提案はできません。

だから「資金計画」では不足なのです。「今の収入だと、家計のうちでローン返済が占める割合は25％くらいです。だから返せますね」ではなく、「今は奥様とダブルインカムですが、子どもが生まれたらどうしますか。育児休暇は1年ほどとって職場に復帰した場合、保育費が月額で2～3万円くらいかかるだろう」などと考えるべきです。ときには退職する場合もイメージします。子どもが大きくなって、教育費が必要だということを想定すると、何年後には、1人につき500万円くらいの貯蓄がいる。教育費は、私立か公立かで変わってきます。すると「40代で年収が600万円になる」という想定がどこまで信じられるのかということも考えて、「45歳で年収600万円になっていなかったら、奥様が復職するかパートに出ないとだめだ」など、代替案も考えます。

借り入れ可能額は実際の返済可能額とは違う

私のところで家を建てられる方は、お子さんが6歳以下くらいで、奥様はだいたい、フルタイムでは働いていないケースが多いです。そこで、未来の費用を想定して、「奥様は将来、お子さんの手が離れたら働きますか？」と掘り下げていきます。そのときに、ライフプランシミュレーションをもとに、「これくらいの教育費が、この時期にかかる」ということを示してあげます。よく、「子ども一人にかかる教育費が何千万円」のような統計がありますが、総額よりも**「いつ、いくらかかるか」**のほうが大事です。

このようなシミュレーションを踏まえて、今、いくら家に費用をかけられるかを考えていくべきなのです。銀行の「借り入れ可能額」は、実際の返済可能額とは違います。また、幸せな生活を送るための金額ともズレがある場合がほとんどです。借り入れ可能額いっぱいに借りると、頑張れば返済できるかもしれませんが、旅行に行くのも大変で、外食も控えなければならない生活になってしまうかもしれません。そこまで考えて、「幸せな人生を送るための家の費用」を計算します。それも、借り入れ金額だけではなく、金利の支払いを含めた「総支払額」で考えるのです。

身の丈に合った家づくりを

当社は建築会社ですから、お客様に高額の家を建てていただくほうが儲かります。しかし、それは望んでいません。お客様に幸せになってほしい、家を建てることを通して当社がその手助けをしたいのです。だから、旅行が好きなら毎年、家族旅行ができるようなライフプランを立てて、そのうえで払える金額を計算して、「ならば、このくらいの金額で家を建てたほうがいい」という提案をしていくわけです。

もうひとつ、家を買うタイミングでの**保険の見直し**も欠かせません。当社は建築会社ですが、そこまでやります。自分の人生に合った家づくり、ローンの支払い方、自分の収入をどう使っていくかということを考えます。**どんな家が欲しいかという問題は、人生の問題**なのです。だからこそ、「モノサシ」

が必要になるのです。

良い不動産会社、建築会社というのは、こういうことまで考えなければいけないのだと思います。家を買おうという人は、いろいろな夢を見ています。どうせなら豪華な家がよいのですが、そのせいでローンの限度額いっぱいでボーナスが一度出なかっただけで返済が滞る、子どもが望む進路を実現してあげられないといったことが起こってはいけないのです。

自分の将来をしっかり見据えることが身の丈に合った家づくりです。その身の丈を知るためにライフプランシミュレーションを経てはじめて「その人にとってのよい家」、つまり、「幸せな人生を送れる家」が実現するのです。

図6－5　住まい計画 診断シート

DESIGNER'S HOUSE SAMATA
住まい計画 診断シート

◆ 現在のお住まい

アパート	29 歳まで

◆ マイホーム購入時期

30 歳	繰上無し・固定金利

◆ 現在の家賃やローン

年齢	支払い額
29歳～30歳	6 万
31歳～40歳	0 万
41歳～50歳	0 万
51歳～60歳	0 万
61歳～70歳	0 万

◆ 繰り上げ返済条件

今回は繰り上げ条件無し

1回目	0	6回目	0
2回目	0	7回目	0
3回目	0	8回目	0
4回目	0	9回目	0
5回目	0	10回目	0

◆ マイホーム購入条件について

総予算	4500万	諸経費	7%
自己資金	有	200万	
住宅ローン返済年数		35年	
借入金利	全期間固定金利		1.25%

◆ 住宅ローン借り換え条件

※　**今回は借り換え条件を含まず**

◆ お客様情報　①

ご主人	年齢	29 歳	奥様	年齢	29 歳
配偶者	有				
年金収入			年金収入		
就職年	18歳		就職年	22歳	
平均手取年収		285 万	平均手取年収		423 万
国民健康保険加入年数		0 年	国民健康保険加入年数		2 年

◆ お客様情報　②　【生活収支】

世帯主年齢	世帯主収入	配偶者収入	基本生活費
29歳～	285万	211万	24.4万
35歳～	285万	423万	26.1万
39歳～	285万	423万	29.1万
44歳～	285万	423万	32.6万
49歳～	285万	423万	24.4万
61歳～			17.8万

◆ お客様情報　③

現在の貯蓄　700万

臨時収入	＜年齢＞	＜金額＞	
	60歳	400万	生命保険
	60歳	1000万	退職金

◆ お客様情報　③　【教育プラン】

お子様年齢	幼稚園	小学校	中学校	高等学校	大学
1歳	公立	公立	公立	公立	私立/文系/実家
3歳	公立	公立	公立	公立	私立/文系/下宿

◆ お客様情報　④　【大きな支出】

マイカー取得		海外旅行	
＜年齢＞	＜金額＞	＜年齢＞	＜金額＞
38歳	200万	35歳	100万
46歳	200万		
54歳	200万		
62歳	200万		

65歳の時の収支

預貯金 1950万

ライフプランシミュレーションをすると、この診断シートのように 65 歳の時の収支がいくらであるかが分かるようになっています

頭金よりも金利が
大事な理由が分かった!

老後に必要な貯蓄額を
知ることができた!

借り入れ
可能額と返済
可能額は違う
ことが分かった!

ライフプラン
シミュレーションが
大事な理由が
分かった!

第6章

身の丈に合った
家にすることの
大事さが分かった

年収1000万円の
人ほど注意が必要
な理由が分かった!

↓

LEVEL UP!

読者は6つのモノサシを手に入れ、レベルアップした!
これで老後も安心して暮らせる!

あとがき

120分で習得できる家づくりのモノサシ35「賢く住宅購入できる本」の内容はいかがでしたでしょうか。

一生に一度と言われるマイホームの購入は、手に入れたい家と予算の間で葛藤します。つまり、お金の面で悩むものです。住宅は心地よく暮らすために「性能」が大事です。しかし、高品質・高性能な家づくりは、6割の住宅会社でしか対応できていません。すると、いいものは高くなってしまいます。そうではなく、普通の金額でもいい家づくりはできます。それをできるのが、地域の工務店です。

ただ、いい家づくりをするためには、自ら勉強しなければなりません。今、本書を読み終えたあなたは、賢くなっているのは間違いないです。しかし、読んだから良かった、ではなく、本書で学んだ知識を家づくりの過程で、言葉で発信してもらいたい。行動に移してもらいたいのです。

私は家づくりの現場にいて、20代、30代で家づくりをする人の中で、「私は家づくりが2回目です」という人に会ったことがありません。つまり、1回目の人が多い。家づくりを初めて行う人がほとんどなのです。一生に1回だからこそ、失敗したくないと考えるのは当然です。失敗しないためには、家づくりについて賢くなることです。

賢くなること＝〝知ること〟です。

世界的に環境への意識が高まり、エコ志向になっています。家づくりも同じで、エコな家づくりが主流になっています。良いものは当然、価格が上がります。２０１７年度、大手ハウスメーカーで家を造った場合の平均価格は、３１６０万円（建物本体の建築費用のみ）です。少子高齢化で家を建てる人が少なくなり、客単価を上げざるを得ない状況になっているのです。

「良いもの」と「悪いもの」を見たとき、人は１００％「良いもの」のほうに心が動きます。しかし、何も考えずに金額をかけるだけで「良い家」を造ればいいのでしょうか？　幸せに暮らせるようになるのでしょうか？　繰り返しになりますが、大事なことなのでもう一度書きます。

決まった予算でも、幸せに暮らせる「良い家」は造れます。それを実現できるのが工務店だと考えています。

家づくりの本質は、モノづくりです。精度の高い地域の優秀な工務店を見極める〝目利き〟を持っていただきたい。このことを伝えたくて本書をつくりました。「大きい会社だから依頼した」ではなく、現場でモノづくりをしているのは大工であり、大工に近い存在なのが工務店です。今後、人口減少社会でも生き残れる、安定経営の会社を選ぶ〝目〟を持っていただきたいと思います。

良い工務店にはモノづくりの精神と技巧が受け継がれています。日本を元気にするために、地方の工務店こそが地方創生を起こすべきなのです。「つくる」から「創る」へ。全国の工務店よ、今こそ立ち上がれ！

佐俣 圭介

賢く住宅購入できる本
注文住宅の全国平均2807万円
家づくりの知識がなくて本当に大丈夫ですか？

2019年6月14日発行

著　者　佐俣 圭介
発行所　株式会社ザメディアジョン
〒733-0011 広島市西区横川町2-5-15 横川ビルディング
TEL/082-503-5035
FAX/082-503-5036

印刷所　株式会社シナノパブリッシングプレス

ISBN978-4-86250-628-3